Basura

Pepitas de calabaza s. l.
Apartado de correos n.° 40
26080 Logroño (La Rioja, Spain)
pepitas@pepitas.net
www.pepitas.net

Cubierta: Miguel Ropero y Julián Lacalle

ISBN: 978-84-17386-64-1
Dep. legal: LR-591-2020

Primera edición, noviembre de 2020

Óscar Calavia

Basura

En memoria de tanta cosa echada a perder

1. De Cateura a Chernóbil

El infierno de Dante existe, sí. Es el distrito de Santa Ana, el vertedero de Cateura, los bañados de Asunción, las afueras de las grandes ciudades latinoamericanas.

Mientras caminaba y observaba el entorno, el infierno que había sentido al principio dio paso a una visión de la escatología guaraní. Una imagen del caos vivo, no del caos a la espera de un juicio final. Me crucé con los carros de los gancheros, con grupos de jóvenes, con vacas, caballos, cerdos y gallinas... Pasaban algunos autos con la música a toda potencia y levantaban nubes de polvo rojo que el viento dispersaba después. En el barrio de Santa Ana no hay viento sin olor, y no hay olor sin náuseas. Cada soplo de aire recordaba la proximidad del vertedero, para no olvidar que este lugar —cada vez más poblado— no debe su creación sino al inmenso cementerio de objetos que se encuentra justo en su centro.

La comunidad está ubicada en una parcela de 8.000 m^2 al fondo del camino principal del barrio de Santa Ana, antes de desembocar en el enorme espacio ocupado por el vertedero. Se entra por el portal principal sobre el cual vemos inscrito el nombre «Comunidad indígena Cerro Poty» en un letrero de madera. El portal está en medio de una cerca de madera también, que contorna la comunidad (el espacio se define como un círculo) y que al principio me hizo pensar en las cercas de las pistas de rodeo. Frente a la entrada y justo en el centro —se puede captar toda la comunidad en un giro de 180 grados— está la escuela con la inscripción «Escuela indígena». Detrás de ella, el mástil de una inerte bandera paraguaya. Todas las mañanas se iza, por iniciativa de estudiantes y maestros de escuela, que cantan ante ella el himno nacional al comenzar la jornada.

Frente a la escuela, al pie de un árbol —no pude identificar cuál—, pequeñas cruces de madera rodeadas por una mureta de ladrillos. Aquí es donde yacen —me cuenta una de las maestras de la escuela— los angelitos de la comunidad, los fetos abortados o los natimortos encontrados por los guaraníes en el basural y cuidadosamente enterrados por ellos.[1]

Al oeste de Asunción, capital del Paraguay, a orillas del río que da nombre al país y a los pies del cerro Lambaré, hay un enorme vertedero. En él, hace unos veinte años, se instaló una aldea de indios guaraníes, venidos del oriente del país. Todos los vecinos del distrito de Santa Ana viven directa o indirectamente de los desperdicios del vertedero vecino, pero los guaraníes han hecho algo más: han fundado una comunidad.

Qué buen tema para un libro: los desperdicios de una sociedad de consumo que se amontonan, se extienden, se pudren, huelen. Las parcelas de humanidad que viven de ellos, entre ellos, por ellos, que con ellos se mezclan hasta confundirse. El destino de un pueblo originario, que ha sido empujado de un rincón a otro de lo que fue su tierra hasta encontrar un último refugio en un basurero. La miseria, la exclusión, la humanidad irredenta. Pero ese libro ya está escrito, muchas veces. Legiones de autores se han dedicado, desde que se inventó la escritura, a fustigar escándalos. La indignación se ha adaptado al ritmo consumista: cada día hay que deshacerse de la indignación de ayer para dejar sitio a la indignación de hoy, y en algún lugar debe haber un inmenso vertedero donde van a parar las indignaciones cotidianas. No pretendo contribuir a él: este libro no es un sermón.

---

1 Scappini Meza, G. (2006). *La Terre sans Mal dans la décharge ? Une approche des relations entre mobilité spatiale Guarani et indianité au Paraguay*, 86 f., p. 61 (Maîtrise en Ethnologie et Sociologie Comparée). Université de Paris X, Nanterre.

Yo supe de la aldea guaraní de Cateura por una joven investigadora paraguaya, Gloria Scappini, que, buscando un tema para su máster en Etnología, había llegado allí. Estaba inquieta. Un basurero no es el escenario que los etnólogos prefieren para la descripción de la vida de una comunidad nativa. Y eso no porque la profesión cultive una estética de islas paradisíacas y selvas vírgenes —eso es en gran parte una calumnia—, sino porque un basurero es, o al menos eso nos parece, un lugar anómalo donde no se encuentran más que situaciones de excepción. Donde no se puede llevar una vida corriente, donde todo estará demasiado alterado para revelarnos algo sobre quién vive allí. Además, ese retrato en medio de la basura no podía ser bueno para la dignidad de un pueblo cuya dignidad, quién sabe por qué, parece que tiene que ser continuamente reivindicada.

Pero la cita que encabeza el texto muestra que los propios guaraníes no compartían todas esas reservas. No disimulaban su presencia allí, más bien la subrayaban con cercas, portales, himnos y banderas. Para ellos, la vida en el vertedero de Cateura era una vida normal, o más que eso: un triunfo. Hacía años que los guaraníes iban llegando a la gran ciudad. De uno en uno, o con una pequeña familia; subsistían en condiciones precarias y peligrosas, explotados por los intermediarios del basurero de Cateura o de las otras cloacas urbanas —las del narcotráfico, la prostitución, la mendicidad, la delincuencia—. Por mucho que se sitúe en medio de una versión subtropical del infierno de Dante, la comunidad de Cerro Poty es un triunfo: ha conseguido reunirlos, organizarlos. Cerro Poty es fuerza, garantía, apoyo mutuo.

Pero hay algo más. Algo que a Scappini se le hacía difícil asumir, que no puso por escrito, que más bien deduje de sus comentarios: los guaraníes no parecían descontentos del lugar en que estaban. El infierno le provocaba horror a ella, pero no a ellos. Por mucho que nos revuelva el estómago, podemos admitir que un grupo de semejantes viva en medio de nuestros detritos si lo entendemos en un sentido testimonial: una protesta muda, una denuncia de la exclusión, del fracaso de una política. Los guaraníes han venido hacia nosotros, fascinados por las luces de la ciudad, y una barrera invisible los ha retenido ahí fuera, al margen; eso es injusto, las barreras son abyectas, algo tiene que cambiar. Somos eternos descontentos, pero obtenemos un ilimitado consuelo de ese otro mundo que debería ser y que algún día será. Los guaraníes de Cerro Poty parecían tener una opinión muy diferente: ese «mundo mejor» estaba allí mismo. El vertedero era el país de Jauja. No era una zahúrda al margen del sistema, sino su apoteosis, su verdadero corazón.

Urbanización

El vertedero de Cateura es especial por varias razones, y por eso hablo de él en primer lugar, pero podría hablar de lo que yo he visto en otros lugares. Una porción de los indígenas amazónicos que han migrado a la ciudad en las últimas décadas vive de, al lado de, o dentro de vertederos urbanos. Es de eso también de lo que hablamos cuando hablamos del desarrollo de los países emergentes, y no solo de esa otra porción —que existe, pero es aún menor— que se han situado en barrios y ocupaciones mejor consideradas. Las razones por las que han salido de sus aldeas son muy diversas: han sido expulsados por nuevos ocupantes —compañías mineras, colonos, hacendados—, por guerras ajenas entre ejércitos, guerrillas o carteles, o también por guerras propias. A veces, todo hay que decirlo, no han sido expulsados: han salido por su propia voluntad, porque el brillo de la ciudad les atrae. Su mundo, ya privado de autonomía y así de valores propios, ha dejado de ser un mundo para volverse un lugarejo —vivir allí no es más que sobrevivir, vegetar, ir tirando—.

Que hayan ido a parar al basurero o sus alrededores no es extraño. Hay una lógica del espacio urbano que define dónde echar los restos que ya no sirven, y esa misma lógica indica dónde poner a la gente que no se sabe dónde poner. En esa cartografía de lo inservible no faltan espacios más sanos y más dignos, ni faltan instituciones, gubernamentales o no, dispuestas a dar alguna asistencia o algún subsidio. Añadiendo esas ayudas a los frutos de todo un abanico de empleos informales se sobrevive; pero vivir así sigue siendo vivir en un lugarejo, en un rincón aparte. Si muchos prefieren vivir en el basurero puede ser, quizás, porque en él se participa más directamente en la economía real de la ciudad, de un modo más autónomo, menos dependiente de buenas voluntades.

La ciudad es una selva: esa metáfora se usaba mucho hace alrededor de un siglo, y solía referirse a las megalópolis norteamericanas, Nueva York y Chicago sobre todo; a su crecimiento caótico e intrincado y a la ferocidad de la vida que se vivía en ellas. En la Amazonia es común encontrarse con la idea complementaria: la selva es una ciudad, por su inmensidad, su riqueza y la multitud de seres que viven en ella.

Para nosotros la selva es primitiva, un recuerdo de los orígenes. Para los indios, la selva puede ser futurista: profusa, fascinante, impredecible. De un hachazo en un tronco hueco pueden salir riadas, millones de hormigas: quién nos dice que no son *nada más* que hormigas, quién nos dice qué se esconde en el fondo turbio del lago, quién sabe dónde se esconden habitualmente esas ruidosas manadas de pecaríes que aparecen sin avisar y se van sin que sea posible seguirles la pista. De todo eso tratan los mitos, los sueños o las visiones de la ayahuasca, que a veces describen calles iluminadas bajo el suelo o aeropuertos bajo el agua. En rigor, los indios no viven *en* la selva, sino a su lado, en aldeas construidas en pequeños claros abiertos, nítidamente separados de ella, sobre un suelo muy limpio de hierbas y cuidadosamente barrido. La selva está más allá, es un espacio inmenso que se cruza camino a los huertos, o en busca de leña, o de hojas de palma para la techumbre de la casa; o más en profundidad para cazar o para encontrar plantas con poderes especiales. Nadie conoce la selva como la palma de su mano; ella se transforma constantemente, y lo que se cree ver en ella es casi siempre engañoso y está lleno de trampas, como ocurre en la ciudad también.

Pero de eso habría que hablar en otro libro. Para lo que aquí nos interesa, basta saber que la correspondencia entre la ciudad y la selva no solo vale en los sueños: es común que los indios, hablando en español o portugués, se refieran a la selva profunda como «el centro», y que llamen «mercado» a la zona del bosque donde cazan. Recién llegados a la ciudad-ciudad, no es raro que la entiendan también según esa equivalencia, que sigan buscando lugares donde plantar, recolectar, cazar. Antes que como un medio de hacer dinero, recogiendo papeles, plásticos o latas para el mercado del reciclado —lo que también se hace, por supuesto—, se sirven del vertedero como de un mercado, recogiendo allí lo que servirá para uso o consumo propio.

Fue ese el motivo de que en la ciudad mi trabajo con ellos nunca pudiese llegar muy lejos, y de que a tantos otros investigadores les haya pasado lo mismo. Ver la selva como una ciudad —por extraña que pueda parecer la idea— nunca me exigió un gran esfuerzo de imaginación, pero después de eso nunca conseguí ver la ciudad como una selva. Al lado de la frescura y del orden complejo de la selva, de aquellas arquitecturas de grandes árboles, rastreras, epífitas y lianas, en la ciudad no veía más que un amontonado improvisado, un batiburrillo de restos y futuros restos, chatarras, escombros. En el basurero no veía más que un basurero, y era como si todas las calles, todos los caminos llevasen a él: en la ciudad todo parecía creado para la putrefacción bajo un sol de ácido. En una olla junto a la cabaña improvisada con palos, plásticos y trozos de uralita, hervían dos pollos recién encontrados, despidiendo un olor de carroña. «No, gracias, acabo de almorzar».

Tierra prometida

Los guaraníes no están locos. Hay una vasta literatura que los ha descrito, sí, como un poco locos. Un pueblo que una y otra vez deja sus aldeas y se desplaza, a veces a enormes distancias y siempre en condiciones precarias, en busca de una Tierra sin Males, que a veces puede encontrarse al otro lado del océano. Un chamán la ve en sueños, recogen sus pocas cosas y se van. El etnógrafo alemán Curt Nimuendajú encontró a inicios del siglo XX un grupo de guaraníes en la costa brasileña, a la orilla del mar, dispuestos a cruzarlo aunque fuese a pie: la Tierra sin Males los estaba esperando. Con esfuerzo, cuenta, consiguió llevarlos de vuelta hacia el interior del país e instalarlos en una tierra que el Gobierno había accedido a reservarles.[2]

Esa busca épica de la Tierra sin Males ha seducido a las imaginaciones occidentales, porque revive un sentimiento que ha dejado sus rastros en nuestra memoria, desde la travesía bíblica del desierto a la *road movie*; qué emocionante esa decisión radical de dejarlo todo y partir en busca de una tierra o una vida prometida.

Lejos de las etnografías románticas y de los relatos de aventuras, los éxodos guaraníes suelen tener un sentido más prosaico,

---

2 Nimuendajú, C. (1914). *Die Sagen von der Erschaffung und Vernichtung der Welt als Grundlagen der Religion der Apapocúva-Guaraní. Zeitschrift für Ethnologie 46*, pp. 284-403. Hay traducciones al español y al portugués, ambas casi tan difíciles de encontrar como el original en alemán. En español: (1978). *Los mitos de creación y de destrucción del mundo como fundamentos de la religión de los apapokuva-guarani.* Lima: J. Riester.

también más hermoso: encontrar lo que en su lengua se llama *tekoá*, un buen lugar con bosque, agua limpia y tierra cultivable. La tierra sin males podría ser algo tan simple como eso; tan simple y ya tan difícil.

El vertedero de Asunción no es, desde luego, un *tekoá*. Si los guaraníes habían migrado hacia la ciudad no era en busca de esas señales tradicionales del buen vivir, sino de un paraíso opuesto, el prodigioso mundo de abundancia de los blancos. Y lo habían encontrado. En el vertedero, a pocos pasos del umbral de sus casas, había leña, recipientes, juguetes, muebles, comida, todo gratis, todo al alcance; con trabajo, pero sin la mediación del dinero. Como ocurría otrora en la selva, cuando la selva era suya.

Los GUARANÍES no están locos, no. Buena parte de la tarea de la antropología ha consistido en mostrar que gente como ellos, habitantes de selvas o islas distantes, con sus ideas y sus hábitos extraños, no están locos, no son niños ni idiotas. Que nuestros hábitos pueden ser también igualmente extraños a sus ojos. Ese punto de vista de otros nos puede interesar, no por alguna razón altruista sino por esa curiosidad sana y egocéntrica que se acentúa en momentos de duda: ¿cómo me ven, cómo se nos ve? Puede que no sea como pensamos. El cacique Raoni, del pueblo Txucahamãe del Xingú, estuvo en Madrid en 1992: fue recibido en palacios, llevado a museos y monumentos, y lo que le llamó la atención no fue nada de eso, sino el tamaño de la habitación del hotel y los árboles del Retiro, de especies desconocidas para él.

La imagen que nos devuelve el espejo guaraní es menos halagüeña: cuando quieren parecerse a nosotros, los guaraníes se rodean de basura. Eso es lo que Gloria Scappini descubrió cuando se alejó del vertedero de Cateura y visitó una distante aldea mbyá-guaraní libre de detritos, a no ser en torno a la casa del cacique, donde el suelo sembrado de botellas y envases de plástico indicaba que allí vivía un hombre rico, capaz de hablar de tú a tú con la gente de la ciudad:

> para los mbyá la basura es más un componente del «mobiliario» doméstico, algo que hay que no se esconde ni se elimina. Por el contrario, parecería que la basura es algo que se deba mostrar, exponer. El prestigio del cacique no pasaría entonces solo por la calidad de la elocuencia y el don oratorio, sino también por una cierta riqueza en bienes materiales, cuyo muestrario es la basura.[3]

Nosotros lo sabemos bien, pero obviamos esa parte, no es relevante: la ignoramos. Los barrenderos no pueden faltar en nuestros desfiles, pero no forman parte de ellos. Los turistas visitan iglesias, castillos y hasta antiguas cárceles, pero no vertederos. No se sacan fotos de los tachos de basura al final de una boda para mostrar que el festín fue magnífico. Pero los guaraníes no se han habituado a ignorar la basura: cómo podrían, si es tan inusitada, si es el mejor indicio de poder y riqueza. Más que un indicio, la basura es la propia riqueza.

Índices

Esa idea la comparten con la élite de la burocracia mundial. No hace tanto tiempo que, entre los índices de desarrollo que manejaban las instituciones internacionales —esas instituciones son hermanas mellizas de la noción de desarrollo, nacieron con ella— estaba el índice de basura per cápita. Era uno de los más dignos de confianza, porque estaba menos sujeto a la manipulación de los Estados, que siempre exageran las buenas cifras. El PIB se infla,

3 Scappini Meza, G., *op. cit.*, p. 58.

el IDH se infla, pero nadie se acuerda de inflar las toneladas de basura, y era un hecho por entonces que a mayor desarrollo, más basura per cápita.

¿En qué informe general de las Naciones Unidas o de la OCDE aparecía ese índice? He buscado con ahínco, pero no lo encuentro; quien lea se puede fiar o no de mí y de mi memoria. Puede que lo hayan escondido: tomar el incremento de la basura como un índice de desarrollo se ha vuelto inconveniente en las últimas décadas. Ocupa su lugar otro índice, el de la eficiencia a la hora de tratar esa basura. No rompe totalmente con el anterior, porque buenos sistemas de tratamiento de la basura no aparecen sino allí donde la basura abunda. Los documentos de las entidades internacionales le daban la razón a los guaraníes del vertedero, y se la dan aún. La basura es un indicio —y un signo, y un símbolo— de nuestra civilización, de esa que han ido a ofrecerles misioneros y agentes de desarrollo. La Civilización de la Basura, dicho sin acritud.

YA SE ha dicho que en los vertederos hay mucha gente, además de los indios amazónicos. Hay indios de otras procedencias, hay medio indios, medio indios medio negros, medio indios medio negros medio blancos; hay blancos sin más, también, aunque en número muchísimo menor. Las razas funcionan bien como criterio de clasificación, y la escala de color permite prever con escaso margen de error dónde y de qué vives. Pero la mezcla es un criterio complementario; esa amalgama que caracteriza la basura es también la que suele relegar a los mestizos de mestizos a los peores lugares del mapa. Una cierta nitidez racial —por no llamarla «pureza»— se ha tornado, en las últimas décadas, una relativa ventaja, y los indios amazónicos no son hoy por hoy, en el contexto de la América Latina, los seres humanos peor situados para buscarse la vida. En los basureros no son indios lo que encontraremos con más facilidad. Normal: son pocos, son una excepción vayan donde vayan; en el basurero como en la política como en la universidad.

Símbolo

Pero es por esa razón que hemos comenzado con ellos, porque si nos interesa aquí la basura no es por lo que tiene de residual, sino por lo que tiene de significativo; de «hecho social total», para usar una fórmula clásica; de «símbolo focal», para usar otra. Los guaraníes de Cateura no son vecinos cualesquiera del vertedero, sino descendientes de los dueños originales del país. La moneda paraguaya es el guaraní, la lengua guaraní continúa siendo —caso único en América, hasta hace muy poco— oficial junto con el castellano. El cerro vecino lleva el nombre del cacique Lambaré, que hace siglos estableció una alianza con el conquistador Domingo de Irala. Así que la aldea del vertedero desborda de significados: tiene algo de monumento, de lugar donde la historia del país se concentra en una acerba paradoja.

Eso no podía pasar desapercibido. En casi toda América Latina, hacerse ver y retratar al lado de representantes de los pueblos indígenas es un capítulo menor pero indispensable en las campañas electorales. Los candidatos de diversos partidos paraguayos empezaron a frecuentar a los indios del vertedero. Eran auténticos indios, pero vivían al lado, en la misma capital: ¿para qué, entonces, buscarlos más lejos, emprendiendo incómodos viajes a los últimos rincones del país? Además, allí en el vertedero los indios resultan más expresivos: dan pie a la indignación del candidato, argumento a sus denuncias, motivo para promesas. La basura es un símbolo fuerte. Los miembros de la Compañía de Jesús, para quienes los guaraníes están asociados a una edad de oro perdida, acudían también al vertedero. Allí habían celebrado ya alguna misa, algún novicio había pronunciado allí sus votos.

Un poco de latín (esa lengua madre tirada al cubo de la basura de la enseñanza) basta para saber que el término «sagrado» —*sacer, sacrum*— designa en origen lo más santo, lo supremo, pero también lo maldito, sucio, proscrito, intocable. Cuando Virgilio hablaba de *auri sacra fames* lo hacía con horror a esa hambre de oro. Ese segundo sentido ha sido casi enterrado durante siglos de historia del cristianismo —una religión empeñada en que Dios sea impecable—, pero sigue rezumando, insidiosamente, desde su agujero. Las sociedades se secularizan, los dioses parecen muertos o apagados y ya nada parece tan sagrado ni en las creencias ni en los templos, pero el lado maldito de lo sagrado se conserva amenazador e intocable, y la contaminación sigue imponiendo un respeto que tiene mucho de religioso.

Aunque no creo que la Compañía de Jesús haya pensado en las acepciones de *sacer* a la hora de llevar sus ritos al basurero. Si lo ha hecho es, probablemente, porque la Tierra sin Males se volvió, hace unos años, un lema de la Iglesia progresista latinoamericana: permite dar color y sabor nativos a la historia medio-oriental del pueblo elegido. Que esa Tierra sin Males venga eventualmente a confundirse con un vertedero no hace sino realzar su valor en un proyecto de salvación.

La basura es poderosa. Lo que he dicho sobre los guaraníes del vertedero corresponde a su situación anterior a 2005. Desde entonces, la comunidad Cerro Poty ha crecido, agrupando ya a más de 300 personas. Ha mejorado su trabajo de reciclaje, tiene una escuela y una página en Facebook y está políticamente muy articulada. El vertedero de Cateura ha pasado por muchas vicisitudes, y en 2013 las autoridades pretendían clausurarlo, por el riesgo que suponía su cercanía al río Paraguay. Sobraban razones para ello: en Cateura había también una piscina de detritos líquidos muy tóxicos. Pero cerrar vertederos es mucho más difícil que crearlos. Entre los obstáculos para hacerlo está, también, el destino de los cientos de personas que dependen de él para su sustento. Es la misma paradoja que se manifiesta muchas veces en el vecino Brasil: los planes de gestión de residuos, bienvenidos para paliar los inmensos problemas causados por la acumulación de basuras en ríos o arroyos, o por los vertederos a cielo abierto, tienen el inconveniente de privar de su modo de vida a cientos de familias. Por supuesto, se les dará empleo en el nuevo sistema de gestión, pero la mecanización y la informatización que se incorporan a esos sistemas, en busca de la deseada eficiencia —el tratamiento de residuos es caro—, acaban antes o después por hacer que sobren. Sin basura de la que vivir, corren el riesgo de ocupar su lugar: los humanos parecen, a veces, el residuo más difícil de reciclar.

No importa: el reciclado no es ya una fase corriente, prosaica y oscura del proceso industrial, como lo fue alguna vez antes de la inauguración de los nuevos métodos de producción. Es más bien una operación marcada, extraordinaria, de resurrección o redención. No es extraño que tantos proyectos de reciclado se orienten hacia usos de valor simbólico excepcional: arte hecho con la basura, por ejemplo. Del vertedero de Cateura surgió hacia 2005 una de las escasas noticias que nos han llegado del ignorado Paraguay: la Orquesta de Instrumentos Reciclados de Cateura. Los jóvenes del barrio de Santa Ana se afanan en fabricar instrumentos, aprenden a tocarlos, ofrecen a quien quiera escucharlos su maestría y su inspiración. La Orquesta ya ha recorrido el mundo con gran éxito. Pero ninguna maestría y ninguna inspiración habría sido suficiente para permitirles actuar en los mejores teatros de Europa, ante mandatarios y monarcas, si no fuese porque la música nacida en medio del desecho lleva en sí un mensaje entusiástico de renovación y triunfo.

Actores

En un libro de 2006,[4] el sociólogo francés Bruno Latour volvía sobre una idea que ya había expuesto anteriormente: los objetos no son datos inertes, son actores sociales. Las obras de Latour recurren siempre a una retórica provocativa. ¿Actores, los objetos? Buena parte de la crítica social de los dos últimos siglos, y en particular la que procede de Marx, se ha esforzado en mostrar lo contrario. Los santos de palo no hacen milagros, las armas no matan por sí solas, el dinero no produce: los objetos son trabajo humano, saber humano y voluntad humana materializados. La idea de que los objetos actúan es fruto de la alienación, de un engaño interpuesto entre los humanos y sus obras. En realidad, los objetos son muñecos de guiñol en manos humanas.

Salvo por su énfasis en la mercancía y el capital, la idea no es especialmente marxista. Es una cosmovisión para todos los públicos, que rebasa fronteras ideológicas. La idea de que la acción humana es soberana sobre sus objetos se encuentra igualmente en la opinión liberal y en la cristiana.

Como principio ontológico eso está muy bien. Como vía para entender el mundo tiene sus inconvenientes. Uno es que para ir de las acciones humanas hasta sus últimas consecuencias hay un largo camino con demasiados rodeos en el que uno siempre se pier-

4 Hay una edición en español un poco posterior: Latour, B. (2008). *Reensamblar lo social: una introducción a la teoría del actor-red*. Buenos Aires: Ediciones Manantial.

de. Demasiadas acciones, demasiado contradictorias. Todos los días oímos hablar de las consecuencias inesperadas de una técnica o un útil que fueron lanzados con otros propósitos. Debe haber algún mensaje importante oculto en el hecho de que el personaje más popular de la literatura del siglo XXI sea un aprendiz de brujo.

HABLAR DE los objetos como actores sociales no es ni marxista ni liberal ni cristiano: es típico de los ecologistas, esos pelmas. Son ellos los que se refieren a las máquinas o los materiales como si fuesen enemigos de consideración, hasta hacer perder la paciencia a los más politizados. El problema, les replican estos, no está en los objetos, sino en los individuos —o las clases o las castas— que los ponen en juego. El petróleo no es el problema, el plástico tampoco, ni la energía nuclear: todo depende de cómo se usen. Es un argumento irrefutable, pero al final falaz, porque ignora el hecho de que en la historia, casi sin excepciones, cada objeto y cada materia prima están íntimamente ligados a un tipo de acción humana; les impone ciertas condiciones y es capaz de rebasar sus propósitos. Pretendiendo que esa acción humana conserve virgen su capacidad de disponer de los objetos, ese sentido común desemboca en una hipocresía involuntaria.

OPIOS

Es muy común despreciar las teorías de la conspiración, a sus autores y a los que las siguen. Pero las teorías de la conspiración no son sino intentos de entresacar un hilo de voluntad humana de las situaciones caóticas. Hay que reconocer que buena parte de las ciencias sociales siguen su mismo principio: encontrar en todo lo que ocurre acciones conscientes, previsiones certeras y planes magistrales de una élite, o del Poder, o de una mafia legal o ilegal. Las ciencias sociales se han vuelto demasiado ciegas a eso que acabamos de llamar la acción de los objetos, y también al margen que siempre cabe al azar, o a la enorme potencia de la imbecilidad. Un cretino que por ventura se viese al frente de los destinos de un país agradecería ese detalle de sus críticos, porque al parecer el electorado ve con mejores ojos los planes nefandos —basta que pueda creer que se hacen en su provecho— que los palos de ciego. Hay que mostrarse seguro.

Así que lo que en otros tiempos fue ruptura crítica, toma de conciencia de la acción humana, se ha convertido en un nuevo opio: la certeza de que vivimos en un mundo de procesos hechos y deshechos por una voluntad humana soberana. Si las amenazas ecológicas preocupan poco es porque aunque no se crea en Dios (ni los creyentes se fían de él cuando hay peligro), sí se cree en una especie de Divina Providencia encarnada en la ciencia y la tecnología. Véase esos mandatarios que, después de haber podado con recortes y papeleos la vida de los laboratorios de investigación, han salido a público exigiéndoles una vacuna contra la covid en seis meses. Basta con quererlo, basta con sacar la carta de la manga. Lo que fue conciencia de la acción humana se ha vuelto superstición de la acción humana. Ni siquiera opio del pueblo: una prosaica pastilla para dormir.

Hay algo, mucho, de revelador en dejar a un lado por un rato la acción humana y considerar los objetos como actores. La basura es uno de los mejores ejemplos de objeto capaz de rebasar los planes, las intenciones. Un actor social de los más plásticos, capaz de metamorfosis, omnipresente y disimulado a la vez, palmario e invisible: temible, en suma, por despreciado.

Si no basta con las islas de basura que se han creado en medio del océano, con el flujo de microplásticos que, dicen los especialistas, se va abriendo paso hacia la corriente sanguínea humana o con la acumulación de detritos que obliga a trasladar a otro lugar la capital de Indonesia, ahí tenemos la tropa de élite de la basura, los residuos nucleares, y su monumento, esa muerta-viva central de Chernóbil, que la escritora y premio Nobel Svetlana Aleksiévich comparaba con Auschwitz.

Infamias

La comparación es osada, una apuesta alta. Auschwitz, como ejemplo mayor de todos los campos de exterminio nazis, es hoy un hito del naufragio moral de la modernidad, con razones de sobra. Hasta Auschwitz, el colmo de la infamia había sido tratar a los humanos como animales. O, como animales también, llevarlos en rebaño al matadero: recordemos el tráfico negrero o las trincheras de la Gran Guerra. Auschwitz inauguró un nivel más abismal, inédito: tratar a la humanidad como basura. No es una metáfora, es una descripción. Los campos alemanes anticiparon mucho de lo que ha venido a ser más tarde el modo correcto de procesar los desperdicios: clasificación, reciclado de las partes o materias primas de valor, aprovechamiento racional, incineración del resto en grandes plantas. Por un lado, zapatos, gafas, dentaduras, pelo, grasa; por el otro, humo.

¿Qué bazas tendría Chernóbil para superar eso? En Chernóbil las víctimas son héroes: los bomberos y los trabajadores de la primera hora; los que consiguieron apagar el fuego, los que evitaron la explosión de la central. Héroes, sí: conmemorados, celebrados, llorados. Y enviados a una muerte segura por una burocracia opaca. Y enterrados en un ataúd de plomo, aislados de todo contacto con sus familiares y hasta con la tierra que los acogió en su seno: se habían convertido ellos mismos en residuos contaminantes de un nuevo tipo, que ni siquiera el fuego es capaz de destruir. En un modesto segundo plano quedaron los «liquidadores», que durante años lucharon para hacer desaparecer todo lo que contuviese radiación: o sea, *todo* —esa es la novedad—. Todos los elementos que habitan la tierra convertidos también en detrito nuclear: animales, plantas, cosechas. La tarea más enorme, y más inaudita, de los liquidadores fue enterrar *el suelo*: arrancar la tierra hasta la profundidad que la radiación había alcanzado y arrojarla a enormes y profundas zanjas. El ataúd de Chernóbil, una gigantesca estructura de acero, plomo y hormigón, es por hoy la obra cumbre de un nuevo tipo de arquitectura y el símbolo de ese sueño humano de crecimiento: un planeta-vertedero enterrado en sí mismo.

Intervalo: un magnífico mundo

Pero ya vale, por favor. Hablar de Cateura, Auschwitz y Chernóbil en un mismo capítulo es refocilarse en el pesimismo. Manía perversa, pornografía apocalíptica:

> Sintonice las noticias y escuchará historias de guerra, enfermedades, desastres naturales, corrupción, violencia, pobreza, delincuencia, proliferación nuclear, terrorismo y disfunción política... nuestros hijos encaran oportunidades limitadas y el país está decididamente en el camino equivocado... [pero esta perspectiva sombría con que nos asedian los medios de comunicación] es una crasa distorsión del mundo en el que vivimos hoy.[5]

Eso lo dice el editor del autor superventas (y jefe de estrategia de inversiones del Oxford Club) Alexander Green, que seguidamente nos explica que:

> la raza humana nunca se ha visto mejor. En Occidente trabajamos hoy menos horas, tenemos más poder adquisitivo, disfrutamos de bienes y servicios en un suministro casi ilimitado y tenemos más tiempo libre que nunca. Los niveles de vida son los más altos que ja-

5 Green, A. (2014). *An Embarrassment of Riches: Tapping Into the World's Greatest Legacy of Wealth.* New Jersey: Wiley. Recuperado el 13/08/2020 de https://www.wiley.com/en-sr/An+Embarrassment+of+Riches:+Tapping+Into+the+World%27s+Greatest+Legacy+of+Wealth-p-9781118608821

> más hayan existido. La vida humana casi se ha duplicado en los últimos cien años. Los niveles de alfabetización y educación, incluso el coeficiente intelectual, están en su punto más alto. La tecnología y la medicina están revolucionando nuestras vidas. Todas las formas de contaminación, con la excepción de los gases de efecto invernadero, están en declive. El acceso a las artes nunca ha sido tan grande. La delincuencia se encuentra en un ciclo de declive a largo plazo. Y el riesgo de muerte por violencia nunca ha sido menor para la mayoría de la humanidad. Se midan como se midan, nuestras vidas hoy son ricas más allá de toda medida [...] Sin embargo, gracias en gran parte al ritmo de la cobertura negativa de los medios, la mayoría de nosotros no nos damos cuenta.

Las consecuencias de ese relato catastrofista son muchas: incluyen la pérdida de oportunidades de inversión y un innecesario pesimismo. Llegan a representar un daño a nuestra salud. Contra esos males, el libro de Alexander Green es «un poderoso antídoto», que nos aclara cómo «nuestras vidas se están volviendo más largas, más fáciles, más seguras, más saludables y más prósperas...» y nos describe «el extraordinario poder de la libertad económica, el papel vital de la medicina y la tecnología, de un benéfico optimismo que nos prolonga la vida...».

Por mucho que el autor superventas Alexander Green y su editor puedan parecer demasiado entusiastas, hay que reconocer que la mayoría del electorado comparte su opinión. Algunos recordarán lo mucho que la gente sufre en este y en aquel lugar menos regado por esa lluvia de bendiciones. Otros reivindicarán su derecho a quejarse de los políticos, la contaminación, el ruido o el confinamiento. Pero en el fondo todos estamos muy apegados a las maravillas de nuestra era, y decir lo contrario no pasa de nostalgia inconsecuente. Los pesimistas reconocen que lo que es malo ya fue aún peor, y hasta los más pesimistas de los pesimistas, esos que estiman que el apocalipsis está a la vuelta de la esquina, tendrán que reconocer que nunca la humanidad aguardó el apocalipsis en una posición tan confortable. Si el señor Green exagera en su optimismo, cómo podríamos reprochárselo, si el optimismo alarga la vida. Prefiero no entrar en esas polémicas. Ya se han escrito muchos libros sobre el apocalipsis: no se trata de discutir si esta época es la más nefanda o la más gloriosa que se ha conocido. De lo que no hay duda es de que nunca en la historia de la humanidad se ha amontonado tanta basura; el libro del señor Green parece ser una buena ilustración.

II. Definiciones

¿Pero qué es la basura, qué es basura, entonces? No es una pregunta retórica. Muy al contrario, hay que responderla muchas veces al día, se la hacen muchos millones de seres diariamente alrededor del globo: ¿son basura los veinte tomos de aquella enciclopedia comprada hace veinte años? ¿Y la caja llena de cables? ¿Y el verde de los puerros? ¿Y las carpetas de dibujos del niño, que era un genio? ¿Y los zapatos viejos, y la ropa vieja?

La definición de la basura es muy controvertida, y a menudo perturba la paz de los hogares. Tirar algo o guardarlo define una memoria o un carácter: cuando esa memoria o ese carácter pertenecen a más de uno los conflictos pueden aparecer. Lo hacen también en el fuero íntimo de cada cual. La recolección selectiva no solo sirve para mejorar la gestión de los residuos, sino también para aliviar esos dilemas internos. Muchos ciudadanos se resistirían a tirar libros a la basura, pero encuentran más tolerable llevarlos «al papel». Bien es verdad que la recogida selectiva tiene algo de aquel gusto por el eufemismo que cultivaba la Inquisición cuando relajaba al brazo secular a sus condenados, pidiendo clemencia para ellos: el brazo secular sabía de sobra que esa petición de clemencia significaba «quémelos». Papel, plásticos, orgánicos, envases no dejan de ser basura, y en todo el mundo los ciudadanos suspicaces, en parte sin razón y en parte con ella, piensan que todo lo que ellos separaron se reunirá después en un basurero, o en una incineradora, o en monumentales cubos prensados que serán enviados a China a no se sabe qué destino siniestro. Basura, un sucio destino: la basura no deja de ser suciedad, ese es quizás su significado más obvio.

Pero la suciedad es igualmente difícil de definir, e igual de controvertida. No hay cómo caracterizarla por la materia que la compone, ni por el estado de esa materia: quesos podridos pueden venderse a ochenta euros el kilo, y sin alterar su composición química un pesto genovés pasa de alimento a suciedad con solo saltar del plato a la blusa; un cabello, con solo saltar de la cabeza al plato; por supuesto, hay que ser un urbanita de raíz para percibir como sucio un campo regado de estiércol. Trivialidades: para qué insistir en que la suciedad es, como todo, relativa.

Una antropóloga inglesa, Mary Douglas, la definió hace casi medio siglo de un modo que ha envejecido bien: la suciedad es un asunto de topología, de espacio; pero de espacio cargado de sentido.[6] Cualquiera sabe que al hablar de los de arriba y de los de abajo, de la gente de aquí y de la gente de fuera, no se está hablando únicamente de geolocalizaciones. Arrinconar algo no es solo ponerlo en un rincón: el rincón no es un lugar como cualquier otro, ni lo es el centro. Los lugares están organizados de acuerdo con valores diferentes: lo profundo y lo superficial, la casa y la calle, la curva y la recta y una lista interminable de bellos binomios. La suciedad, dice la señora Douglas, es algo fuera de lugar; pero no de este o aquel lugar en particular, sino fuera de lugar en general. No es suciedad por estar «fuera» —qué fácil sería—, sino por estar en una intratable tierra de nadie, en los intersticios. Lo sabe cualquiera que se ocupe de la limpieza de su casa: la suciedad se acumula en las brechas, las junturas, los intervalos. Todos los fanáticos de la limpieza, sea doméstica o étnica, sueñan con un mundo sin intersticios: cocinas planificadas sin huecos entre el frigo y la ala-

---

6 Douglas, M. (1973). *Pureza y peligro. Un análisis de los conceptos de contaminación y tabú*. México: Siglo XXI.

cena, sociedades sin mestizos, arenas políticas sin equidistantes. Ese mundo, por supuesto, no existe salvo en los sueños obsesivo-compulsivos. Nada existe sin sus zonas de ambigüedad.

La suciedad más clásica, la de toda la vida, está en ese intervalo: es esa materia que formaba parte del cuerpo hace un instante, pero ya no. Da lo mismo lo limpias que pudiesen estar las uñas, se convierten en suciedad nada más cortarse. Todos los pasos fronterizos del cuerpo, esos orificios —de los cuales tres o cuatro gozan de mucha popularidad, aunque en realidad son muchos, casi infinitos—, tienen su suciedad específica, que solo es suciedad mientras se quede ahí, vacilando en el umbral. Hasta entonces eran parte del cuerpo y no había ningún inconveniente en llevarlos consigo a una cita de trabajo o al cumpleaños de la abuela. Una vez que han llegado a ese punto, son sucios y la posibilidad de que vuelvan adentro da náuseas: entonces, cualquier persona con las más mínimas nociones de higiene se las apaña para enviarlos lejos, fuera del intersticio, fuera de la vista.

Límites

Todo eso es muy simple, pero tiene infinitas aplicaciones más allá de la mierda y las legañas: los negocios públicos y los negocios privados pueden ser igualmente limpios, pero en ese intersticio donde se mezclan no puede haber sino negocios sucios; dígase lo mismo de esas rendijas donde se juntan religión y política, placer y comercio, cerdos y jabalíes. En una época tan dada a la higiene como la nuestra, el único modo de tornar algo aceptable es salvarlo del intersticio otorgándole un espacio propio. Así, las transacciones entre lo público y lo privado se pueden purificar inventando esa profesión que en inglés se ha llamado *lobbying*, o GR (*Government Relations*): las presiones o los halagos al poder público dejan así el margen, tienen un espacio propio con reglas propias. El movimiento LGBTQ+ fue visto durante siglos como una impura tierra de nadie entre lo masculino y lo femenino hasta que se emancipó creando una federación de espacios definidos, con su letra y su constitución.

Esa práctica tiene sus problemas. Uno es el peligro de que la proliferación de categorías acabe ensuciando el conjunto. Véase la desconfianza que inspira el amarillo de los semáforos, que perturba el orden inequívoco del rojo y el verde y puede producir encuentros indeseables. Los amantes del orden llevan mal el pulular de las categorías: cuando son pocas, organizan; si son muchas, revierten al caos.

Otro problema es que ese trabajo nunca tiene fin: por mucho que convirtamos cada tierra de nadie en un nuevo país, ese nuevo país generará también sus fronteras, y con ellas sus tierras de nadie.

El mundo contemporáneo tiene una relación difícil con las fronteras: las detesta y por eso las multiplica; teme la suciedad más que ninguna era precedente, y por eso prodiga la basura.

No creo que a estas alturas nadie siga encandilándose con la idea de un mundo sin fronteras: ha sido en ese mundo sin fronteras donde en 2020, por primera vez en la historia, la mayoría de la humanidad se ha encontrado, de repente, con una frontera plantada en la puerta de su casa, y con una tierra de nadie de al menos un metro mediando con el ser más próximo. No hay cómo librarse de las fronteras. Se pueden hacer más porosas, pero esa idea no le gusta a nadie, la única tolerancia que goza de favor hoy día es la tolerancia cero. También se pueden cambiar de lugar, se cambian constantemente, pero seguirán ahí en cualquier hipótesis, y con ellas los intersticios, que no solo definen la suciedad, también la atraen.

Basta con visitar una frontera: no hablo de esas fronteras en general ociosas del espacio Schengen, sino de una frontera de verdad. No han desaparecido y no están muy lejos, se pueden visitar con alguna precaución. Allí se juntan, como por arte de magia, todos los tipos posibles de suciedad: negocios sucios, sucia humanidad hacinada en sucias esperas, sucias cuadrillas que la parasitan, o basura pura y simple que nadie barre. No hay ninguna distinción entre lo limpio y lo sucio que no ponga a seres humanos a un lado y otro de la divisoria, y no hay espacios sin márgenes: la sociedad sin márgenes no pasa de un sueño de utopías desinfectantes.

La vieja inmundicia

Buena parte de lo que es hoy la pesadilla de la basura ya se vivió en las mayores ciudades europeas, hasta hace poco más de un siglo, en forma de pesadilla de la mierda. De los animales de tiro, formando espesas capas en las calles; de los humanos, haciéndoles compañía hasta que la lluvia las arrastrase, o acumuladas en montones, o guardadas —una práctica relativamente reciente— en fosas sépticas. De la mierda y también, muy especialmente, de los despojos de los mataderos, que en conjunto formaban un lodo maligno en que se revolcaba la población. Que los olores fuesen componentes químicos disueltos en un gas solo se empezó a saber a partir de la química de Lavoisier a finales del XVIII, y la fauna microbiana solo empezó a conocerse un siglo después gracias al microscopio de Pasteur, pero hasta entonces la ciencia ensayaba una diversidad de teorías sobre el miasma y la putrefacción. No faltaban, en sentido contrario, optimistas que opinaban que el olor del excremento era en general excelente para la salud y podía ser capaz de espantar las epidemias, por lo que esparcir excremento por toda la ciudad fue recomendado con motivo de algunas pestes;

y esa opinión se apoyaba también en lo que ahora puede parecer una tolerancia inverosímil a los malos olores. Pero en general la inmundicia era vista con preocupación, sobre todo cuando provenía de la putrefacción: abrir el suelo donde proliferaban las lamas mefíticas —incluso arar la tierra, sede de la corrupción— era visto con mucho miedo, y hace dos siglos se difundían las historias terroríficas de catástrofes causadas por la expansión de esos malos olores que se toleraban con tanta facilidad. El valor económico de la mierda no pasaba desapercibido: se la estimaba como un producto importante de exportación hacia el campo, desde donde retornaría convertida otra vez en pan. Los reformadores sociales de los siglos XVII y XVIII veían en ella un recurso para los desposeídos. Para los viejos, que podrían ganarse sus últimos años de vida recogiéndola, o para los mendigos, que se tornarían así ciudadanos útiles; unos y otros fueron reemplazando de este modo a los delincuentes, que antes parecían los protagonistas ideales de esas funciones. Pero el valor económico del excremento era lo suficientemente grande como para ser, al final, abarcado por empresarios, y convertirse en un interés creado capaz de oponerse, por ejemplo, a las novedades de la higiene: en París fue la feroz oposición de los mercaderes de mierda la que atrasó varias décadas la adopción del sistema inglés del WC, que los británicos empezaron a exportar a finales del siglo XVIII. Oposición que se extendía también a la innovación de tratar las fosas con desinfectantes como el agua cloratada: la materia así desodorizada perdía eficiencia como abono. El utilitarismo de finales del XVIII era osado: llegó al punto de intentar extender los beneficios del reciclado a los cadáveres humanos. Pero a la larga, y sobre todo después de la introducción del guano de Chile y del abono químico en la agronomía, perdió la batalla contra una noción de higiene que es la que desde entonces se ha aplicado a todo y cualquier desecho: escamotear, ocultar a la vista y al olfato, mandar lejos. El excremento empezó a ser arrastrado hacia los ríos por conductos subterráneos, los mataderos salieron de las ciudades.

La idea del reciclado de las basuras no es nueva, y de hecho pesa sobre sus espaldas la derrota que sufrió hace poco más de un siglo en su embate con lo que podríamos llamar un higienismo de la percepción: la mayor parte del tratamiento que se da hoy en día a los residuos se concreta en su alejamiento, su invisibilización y su desodorización. En los debates sobre incineración de residuos muy tóxicos en hornos flotantes en alta mar —iniciada por Alemania a finales de los años sesenta y adoptada por los Estados Unidos—, los argumentos favorables a esa técnica se resumían, en la práctica, en la constatación de que, para el sentido común, lo que no se percibe no existe. Si la basura empieza de nuevo a preocupar es porque el mundo se va quedando pequeño y los lugares lejos de todo son cada vez más raros. A finales del siglo XIX, en París, una serie de episodios de mal olor que invadía toda la ciudad señalaron un cambio de época: después de intentar localizar una y otra vez la causa de esa peste en las lacras que tanto se habían combatido (cloacas, lamas del río, fosas), al fin se descubrió que la peste llegaba de una fuente nueva: las chimeneas de una fábrica de superfosfato, sustituto químico del estiércol.[7]

La nueva inmundicia

Pero por mucho que comparta lugar en los intersticios o en el terreno de las metáforas, la basura no siempre es suciedad; lo llega a ser, sobre todo, por el lugar donde se la pone. «Basura» es, en origen, un participio de futuro del verbo latino que ha acabado

---

7 Las informaciones de este párrafo están tomadas de Corbin, A. (1987). *El perfume o el miasma: el olfato y lo imaginario social, siglos XVIII y XIX.* Fondo de Cultura Económica.

siendo nuestro «barrer»; igual que «futuro» viene del participio de futuro del verbo que vino a ser «ser».[8] La basura es más una acción que un objeto. Todo puede ser basura, no importa de qué esté hecho, en qué estado se encuentre o cuál sea su eventual utilidad, todo depende del gesto soberano de la escoba.

La basura es sucia porque se codea con lo sucio, pero la basura no es la suciedad, es algo mucho más extenso. Más intencional, desde luego, más activa: por inmóvil que se mantenga uno, sigue produciendo diversas materias sucias por antonomasia a las que no se suele llamar basura; pero para producir basura tendrá que ponerse manos a la obra.

Quizás esté ahí el punto. La suciedad fue siempre, sigue siendo, una rémora, una condición que ata a los humanos a su ser animal, o más en general al mundo que los incluye y los rebasa. De esa fatalidad derivan el excremento, los cadáveres. El polvo se puede acumular sobre las coronas tanto como sobre las herramientas; el moho y la mugre no respetan jerarquías ni edad, se juntan igual en el viejo molinillo de café que en el teclado del último Apple.

La basura tiene, por el contrario, un componente eufórico: un resultado del impulso de trascender la condición animal, de libertarse de las amarras de la naturaleza, de las limitaciones pasadas de la humanidad. Progresista; la basura es profundamente progresista. En el siglo XIX, siglo del progresismo, se inventaron dos metáforas de gran calibre. Una, el tren de la historia. Otra, un poco menos popular, el basurero de la historia, que era adonde iba a parar todo aquello que perdía el tren de la historia.

---

8 COROMINAS, J. (1987). *Breve diccionario etimológico de la lengua castellana.* Madrid: Gredos.

Edad Media

El principal vertedero de la historia es la Edad Media. Pobre Edad Media. Un parque temático de la inmundicia. Un mundo donde nunca faltaba una fosa séptica en la que caer, ni pestes bubónicas ni dientes podridos ni orinales vaciados por la ventana, ni reinas que no mudan de camisa en años. En que proliferaban quemas de brujas, cinturones de castidad y derechos de pernada. Qué importa que buena parte de esa inmundicia física y moral haya correspondido también a otras épocas, o que no se haya dado en la Edad Media sino después, o antes; o que alguno de sus elementos sea pura ficción. Los historiógrafos italianos que acuñaron el concepto de Edad Media, quinientos años antes que la antropóloga británica, siguieron implacablemente la lógica de los intersticios. Podrían haberla llamado Edad Segunda, o Previa, o Posterior, pero no, la llamaron Edad Media para crear en la historia esa rendija milenaria que había de servir como vertedero de todo lo indeseable habido antes o después. Tan después como hoy mismo. Cada vez que nuestros contemporáneos hacen algo verdaderamente infame, aunque lo hagan con instrumentos de última generación, aunque lo suban a internet con el *smartphone* más reciente y en virtud de contextos de hoy mismo, de ayer o de anteayer, no hay mejor modo de condenarlos que declarar que viven aún en la Edad Media.

La basura es el arma contra la Edad Media: el montón de detritos de lo que nunca deseamos o no deseamos ya, erigido como un parapeto, como un muro que nos separe de ese mundo en que tendríamos que haber convivido con ello; la basura es lo que se hace a un lado para alcanzar lo que se desea, en un mundo de deseos uniformes. Un mundo igualitario, podría decir alguien: igualitario al menos en aspiración; es la facultad universal de elegir y descartar, de romper la cadena que ata a la servidumbre del cuerpo y de las cosas; la basura es lo que sobra allá donde el sujeto se ha liberado de las amarras que lo ataban a todo. Es moderna: la basura nunca pudo proliferar en épocas en que se estaba encadenado a una tierra o a una condición. Así que puede que miremos esa montaña de detritos que crece ahí al lado y nos inquiete su tamaño portentoso, la idea de que se pudre y se infla y la posibilidad de que se derrumbe sobre nuestra casa, pero no cabe sino mirar a otro lado y seguir alimentándola, porque no es un viejo enemigo odiado desde hace siglos, sino la otra cara de la vida que queremos. Así descrita, puede parecer irreconocible: más vale explorarla por otro lado.

III. Consumo

SEA LO QUE SEA la basura, pocos habrá que duden de que su abundancia se debe a la sociedad de consumo. La idea de una sociedad de consumo no es muy antigua. Apareció en los años cincuenta, en estudios que analizaban las transformaciones del sistema económico de los países más ricos.[9] Por aquellos tiempos, los Estados Unidos, parte de Europa Occidental y poco más. El foco del sistema económico, se decía en ellos, había pasado de la producción al consumo. Con ello se referían a que lo que hasta entonces no pasaba de unos cuantos artesanos, pintores de enseñas o compositores de carteles, hombres-sándwich y pregoneros, se había convertido en departamentos de publicidad, y después de *marketing*, y después en empresas y conglomerados de empresas dedicadas a la difusión y la venta, un avispero que con los años se vio más poblado que las fábricas. Notemos que hasta ese momento no se ha consumido nada, aunque se haya vendido mucho. Pero la expresión «sociedad de consumo» tuvo un enorme éxito y pasó al vocabulario común con un sentido diferente. Es un ejemplo de esos encuentros entre la ciencia social y el sentido común que pueden tener resultados muy engañosos. Porque, vaya por delante, la idea de la sociedad de consumo es un engaño. Voluntario o no, pero en cualquier caso

---

9 En *La muchedumbre solitaria*, de RIESMAN, D., GLAZER, N. y DENNY, R., como se cita en OUTHWAITE, W. y BOTTOMORE, T. (1996). *Dicionário do pensamento social do século XX*. Rio de Janeiro: Zahar, p. 719.

muy útil para la perpetuación de este tipo de sociedad que no, de ninguna manera es una sociedad de consumo.

La noción de sociedad de consumo conlleva una crítica —conservadora, a su modo— de la sociedad de consumo. No se dice «sociedad de consumo» sin acritud, como se puede decir «sociedad de la información», a pesar de que probablemente una y otra vengan a ser lo mismo. Se percibe en ella una condena moral de un modo de vida. Una censura que todos suscribimos y despreciamos a un tiempo, y ahí está el punto: el rótulo «sociedad de consumo» es un baldón lisonjero. Un poco como aquellos rótulos que hace tiempo algunos editores usaban para relanzar títulos viejos: «Prohibido por la censura durante cuarenta años», «Incluido en el índice de libros prohibidos por la Iglesia». El consumo, el gasto, siempre ha sido mal visto por los moralistas: basta ver que, de entre siete pecados capitales, solo hay uno que consiste en retener —la avaricia—, contra al menos cuatro que gastan o que llevan a gastar. El consumo es pecaminoso, y por eso mismo atractivo. La idea de una sociedad de consumo hace buenas migas con la idea, un poco anterior, de una sociedad del ocio; y para la mayoría de la humanidad, que no puede retener nada y tiene que trabajar mucho para apenas subsistir, una sociedad de consumo es, en el fondo, una idea muy atractiva. Puede ser moralmente detestable, puede poner en riesgo el planeta, pero solo se vive una vez: que continúe, que se amplíe, que llegue para todos, que no me la toquen.

Pero no vivimos en una sociedad de consumo. Si alguien, después de haber cumplido una jornada de trabajo de muchas horas —las jornadas de trabajo han ido aumentando, salvo para el señor Green—, después de horas de trayectos de ida y vuelta del trabajo, después de cumplir con tareas cotidianas que han aumentado de volumen a pesar de la batería de electros, y después de haber enfrentado la multitud de quehaceres burocráticos que la informática ha multiplicado para solaz de la ciudadanía, si después de eso sigue pensando que vive en una sociedad de consumo, es porque no tiene la más mínima idea de lo que es una verdadera sociedad de consumo.

El consumo según cualquier diccionario

«Consumir» viene de un verbo latino que significaba, en origen, lo mismo que significa ahora: devorar, tragar, disipar totalmente. ¿Cómo podría eso generar millones de toneladas de basura de las que no hay modo de deshacerse? Desgastar, agotar, acabar, extinguir. De todos los elementos, es el fuego el que mejor consume: no deja casi resto. Un enfermo consumido es el que ha perdido mucho peso y está en los huesos, una vela consumida es la que está a punto de desaparecer, y consumirse de amor es una forma de hablar, pero sugiere algo parecido: alguien que va disminuyendo, gastándose, perdiendo materia. Así que «consumir» ya no debe querer decir lo mismo. Si «consumir» significa comprar cinco pares de zapatos de los cuales tres nunca llegan a salir de la caja, cambiar de coche y de móvil todos los años y tener una segunda residencia que solo se llega a habitar unas semanas al año, es que el verbo ha modificado sustancialmente su significado. Como se sabe, el significado de los verbos evoluciona: es el que los hablantes le dan y no el que figura en el diccionario, no digamos en un diccionario etimológico. Pero convengamos en que, cuando el verbo muda, debería al menos avisar y explicar adónde ha mudado, para no hacernos hablar en vano.

Las verdaderas sociedades de consumo sorprendieron mucho a los europeos cuando tomaron contacto con ellas, a partir de 1492. No recibían ese nombre porque no parecían verdaderas sociedades, más bien eran agregados humanos sin fe, ni ley, ni rey. En suma, eran los salvajes, a los que tal vez les faltaba la sociedad, pero de ningún modo el consumo.

En las páginas de conquistadores, misioneros, viajeros y demás testigos atónitos, la vida de los salvajes parece, muchas veces, un furioso e incomprensible frenesí de gasto. Gente indolente, dicen, que ni siquiera habla alto —los españoles perciben con sorpresa que consiguen comunicarse en un tono de voz que para ellos casi es un susurro—, que no tiene casas de piedra o siquiera de adobe, sino solo de palo y paja, gente que vive con casi nada y nada desea. Hasta que llega la hora de emborracharse.

> ¡Arredro, alemanes, flamencos, lansquenetes, suizos, y todos los que hacéis torneo y profesión en beber sobremanera! Porque vosotros mismos, después de haber oído cómo nuestros americanos se ejercen en ello, confesaréis que a su lado no sabéis nada, y tendréis que cederles la primacía.[10]

Los americanos aquí referidos son los tupinambá de la costa brasileña. Jean de Léry, el autor de esas líneas, participó en un intento de colonización francesa en la bahía de Guanabara a mediados del siglo XVI; era un ferviente calvinista con sentido del humor, que escribió un relato vivo, perspicaz y rico en empatía. Por mucho que los tupinambá fuesen salvajes desnudos y dados a muchos pecados no veniales, entre ellos el canibalismo. Las gue-

10 De Léry, J. (1994). *Histoire d'un voyage fait en la terre du Brésil.* Paris: Le livre de poche, pp. 248-249.

rras eran una actividad constante y su objetivo único era capturar enemigos para comerlos de una manera muy complicada. Las mayores borracheras servían de preludio al festín caníbal y exigían la preparación de enormes cantidades de *cauim*, una suerte de cerveza turbia de maíz, elaborada por las mujeres, que al final de su trabajo alineaban una multitud de vasijas llenas para que comenzase la fiesta.

> [...] comenzando por un extremo a descubrir la primera vasija y a remover y enturbiar este brebaje, llenan con él grandes calabazas partidas por la mitad, de las que algunas tienen hasta tres chopines de París [o sea, un litro y medio] y así que los hombres pasan danzando delante de ellas, se las ofrecen. Y ellas mismas mientras sirven no se olvidan de servirse otro tanto; los unos como las otras no dejan de apurarlas enteras de un trago. Pero ¿sabéis cuántas veces? Hasta que las vasijas, así sean una centena, estén vacías todas, sin que quede en ellas ni una gota de *cauim*. Y de hecho yo los he visto no solo tres días y tres noches sin dejar de beber, sino aún más cuando están tan ebrios que no pueden más con ello... más aún porque salir del juego bastaría para ser reputado afeminado, y más que *schelm* entre los alemanes...
>
> [...] cantando, chiflando, se exhortan unos a otros para portarse valientemente y prender hartos cautivos cuando vayan a la guerra...
>
> [...] beban poco o mucho, como no sufren de melancolía, tienen esa costumbre de juntarse todos los días para danzar y regocijarse en sus aldeas, y aun los jóvenes solteros tienen de particular que, cada uno con uno de esos grandes penachos que llaman *araroia* atado a los riñones, y a veces maraca en mano y cascabeles de conchas y frutos en torno a las piernas, no hacen otra cosa todas las noches que ir y venir de esa guisa, saltando y danzando de casa en casa.[11]

Hay ejemplos innumerables de esas descripciones: las borracheras de los indios son una constante de las crónicas de exploradores, conquistadores o misioneros. Antes de la introducción de

---

11 De Léry, J. (1994). *Histoire d'un voyage fait en la terre du Brésil*. Paris: Le livre de poche, pp. 249-253.

las bebidas destiladas por los europeos, iba a parar a la elaboración de esas bebidas fermentadas una parte importante, a veces la mayoría, de las cosechas de maíz, mandioca u otros sustentos, consumidos en días y días de beber sin interrupción, para escándalo de los observadores que se preguntaban cómo los indios no pensaban en guardar ese exceso para momentos de escasez. No hace muchos años, unos colegas brasileños se empeñaron en un proyecto de recuperación de la agricultura tradicional en una aldea indígena. Los indios aceptaron la idea y se pusieron manos a la obra. Se abrió un claro en la selva, se limpió y quemó el terreno como siempre se había hecho, se buscó simiente nativa, se plantó y se esperó. Por fin, llegó la primera cosecha de maíz verdaderamente indígena en muchos años: sacos y más sacos de grano que de una vez por todas permitirían a los indios recuperar la soberanía alimentaria. Antes de que tuviesen tiempo de celebrarlo, mis colegas se enteraron de que los indígenas le habían dado al maíz indígena tradicional un propósito adecuado a la tradición indígena: lo habían consumido todo, convertido en bebida, en tres días de fiesta.

Las borracheras, como aparece en el relato de Léry, no eran solo borracheras. No eran, como las de sus contemporáneos alemanes o suizos, ocios alcohólicos en que se bebía sentado hasta caer y dormir. Eran una ocupación principal, de mérito, una ópera compleja que incluía cantos y danzas, cogorzas atléticas, heroicas, que a los ojos de los europeos desafiaban la resistencia humana. Borracheras de lujo, ostentosas, que se celebraban con las mejores galas, exhibiendo aguante, arte y destreza. La de los tupinambá fue la más verdadera de las sociedades de consumo, y no solo por causa de esas borracheras. La guerra, como ya se ha dicho, dirigida a capturar enemigos vivos —y por eso mismo de una letalidad más bien escasa— era la actividad suprema, y su momento culminante llegaba en otra fiesta que seguía a la de la bebida: el prisionero, atado pero con las manos y la boca libres, se enfrentaba a todos, jactándose de haber comido a muchos de sus parientes y prometiendo venganza, «de tal modo —decía otro autor, el jesuita Anchieta— que parecía ser él quien se iba a comer a los otros». Al fin era abatido por un golpe de maza y llorado por todos brevemente, antes de ser descuartizado y devorado. Morir en casa, de enfermedad o vejez, era visto como un triste destino, de modo que todo estaba orientado a ofrecer a los mejores ese sueño de consumo que consistía en morir gloriosamente y ser devorado por el enemigo.

En lugares como el México azteca —esa sí una sociedad con templos, autoridades, leyes y dioses, muchos, demasiados—, las borracheras raramente se permitían, pero esa misma concepción caníbal del consumo tomaba la forma de un ciclo anual de festividades de una complejidad y un fasto difíciles de creer. Una vez más, una gente austera y poco expansiva en su vida privada —los autores españoles se asombran de que alguien pueda vivir con la frugalidad de los mexicanos— que parecía destinar todas sus energías a un continuo derroche festivo: músicas, danzas que duraban días y noches, procesiones, combates simulados con auténticos heridos y hasta muertos; tocados y adornos primorosos de papel *amatl*, plumas, pedrerías, sangre de los sacrificados, de los sacerdotes, de los nobles, de los guerreros; festivales de los barrios, de los artesanos, de los comerciantes, del Estado; de las parteras, de los curanderos, de las prostitutas. En el inmenso «Códice Florentino», en que el franciscano Bernardino de Sahagún, coordinando un equipo de jóvenes letrados indígenas, anotó la civilización azteca en letras e imágenes, en lengua náhuatl y en castellano, la descripción de las fiestas ocupa prácticamente la mitad del volumen.[12] Veinte grandes ciclos a los que se sumaban fiestas

---

12 Se trata del llamado «Códice Florentino». Su parte en castellano se puede encontrar en dos tomos en De Sahagún, B. (1995). *Historia general de las cosas de Nueva España*. Madrid: Alianza Editorial.

móviles y fiestas extraordinarias, y otras fiestas particulares de las que no se da apenas referencia. Los mexicas y todos los pueblos a ellos confederados, así como sus enemigos, eran agricultores muy eficientes, activos comerciantes y artesanos, y habían construido ciudades que dejaron pasmados a los conquistadores, pero toda esa labor, y una guerra constante dirigida —como la de los tupinambá— a la captura de cautivos para el sacrificio, desembocaba en un derroche perpetuo. El mexicano imbuido de las ideas que aparecen en los mitos y en los cantos náhuatl podría entender que todo ese consumo colosal era necesario para mantener en movimiento el mundo, para alimentar el ciclo del sol; prescindiendo de ellas quizás podría vivirlo como una escalofriante ebriedad, un juego en el límite, la vida de los vivos.

Aún a principios del siglo xx, los misioneros y los agentes gubernamentales encargados de la población indígena se empeñaban en acabar con el potlatch, una fiesta común a varios pueblos de la costa noroeste de los Estados Unidos y del territorio canadiense colindante —como los Haida o los Kwakiutl, famosos por aquellos enormes «postes totémicos» primorosamente esculpidos—. En el potlatch se repartía o se destruía, en un verdadero campeonato de derroche entre jefes, una enorme cantidad de bienes de magistral manufactura, bebidas, alimentos. Según una de tantas descripciones, el aceite de pescado manaba, desde la boca de una especie de gárgola, sobre una gran hoguera, amenazando con quemarlo todo y achicharrar a los presentes, que se arrebujaban en su manta y comentaban, desdeñosos, «hace más bien fresco». Pero a la hoguera, o al mar, iban también mantas finamente tejidas y pintadas, canoas suntuosas, escudos de bronce repujados; en tiempos, se hacía lo mismo con esclavos. Todo regalado, quemado, roto.[13] El valor estimado de lo que se destruía

---

13 Un relato sintético de viejos potlatchs se encuentra en uno de los *best sellers* de la historia de la antropología, *Patterns of Culture*, de Ruth Benedict, que

en un potlatch podía alcanzar fortunas de miles de dólares de la época. Había que hacer algo para salvar a los indios de su locura.

Claro que hay quien ha argumentado que los indios del noroeste no estaban locos, que fueron los antropólogos de la escuela de Franz Boas, empeñados en pintar la diversidad cultural como si fuese un circo milagroso, los que habían creado aquella ilusión del fastuoso desperdicio. El potlatch, dicen, tenía en realidad su racionalidad económica: redistribución por aquí, acumulación de capital social productivo por allá, como alegó Marvin Harris, muy popular en España como adalid intercultural del sentido común.[14] Pero nadie había dicho que los potlatch, o los festivales aztecas, o las borracheras caníbales de los tupinambá, careciesen de racionalidad económica: las economías salvajes funcionaban al parecer muy bien y alcanzaban todos los años sus metas, que no consistían en crecer, sino en dilapidar lo producido de la manera más grandiosa. El propio Franz Boas aludía a esa racionalidad cuando defendía el derecho de los indios a malgastar lo que quisiesen: era, alegaba, lo que servía de incentivo a su economía, lo que espoleaba su afán de competición. Para Boas, llegado de la ahorrativa Alemania, el potlatch no dejaba de parecerse al capitalismo americano de la fase áurea.

No sirvió de nada: el capitalismo de los blancos estaba en plena ascensión y no muchos años después produjo una crisis que hizo época, pero el potlatch de los indios fue prohibido con penas de cárcel de entre dos y seis meses. Era preciso, sí, salvar a los indios de su locura; porque había algo muy extraño en esa enorme energía derrochada por seres humanos que, por lo demás, pare-

---

retrataba a los kwakiutl como representantes de una cultura «dionisíaca». Hay al menos una edición en español: (1971). *El hombre y la cultura*. Barcelona: Edhasa.

14 Harris, M. (2011). *Vacas, cerdos, guerras y brujas*. Madrid: Alianza Editorial.

cían más bien perezosos y abúlicos, que gastaban tanta energía y tiempo en consumir hasta no dejar restos.

Algo queda

Todo eso no está tan distante. Yo he vivido alguna modesta versión actual de esas borracheras: ya sin plumajes ni cantos, sin bebidas fermentadas y sin gritos de guerra, pero aún con la decisión de apurar hasta la última gota. Tres o cuatro días en que se gastaba todo lo que se tenía: porque ese era el momento del fin de fiesta, el agotamiento de lo que había para comer y beber. Ocurría a veces un día o dos después de que los participantes estuviesen ellos mismos agotados. No hablo de oídas. Viví un tiempo con gente de esa que podría estar en la Edad de Piedra, aunque ya tenían hachas de hierro, y hasta algunas escopetas, y con frecuencia se iban a la ciudad, que les parecía un lugar divertido; se emborrachaban o pasaban horas sentados viendo a la gente pasar, o espiaban las películas de kung-fu que veía el segurata del banco para entretenerse de noche. Una niña, cuyo cumpleaños se celebraba, le había robado a su madre una cantidad importante de dinero —muy difícil de obtener para los indios— y se la había gastado en globos, que ella, sus amigas y sus parientes inflaban: el árido villarejo de los blancos estuvo durante unos días todo sembrado de globos de colores.

Cuando volvían a casa, a su aldea casi paleolítica a bordo de su canoa de madera empujada a pértiga, trabajaban pocas horas preparando huertos o haciendo la recolección del día o cazando o pescando —todo ello les gustaba bastante—, y el resto del tiempo se dedicaban a consumir; tenían pocas cosas que consumir, pero las consumían enteras. No había basura en el lugar, a no ser los huesos de los animales cazados (algunos se guardaban como trofeos) o los caparazones de las tortugas (yo escribía mi diario sentado en uno de ellos). Por consumir consumían todo lo que tenían, hasta la casa. Recuerdo a mi anfitrión, un día, preparando el fuego para la comida, aventando las ascuas con un abanico de hoja de palma finamente trenzado. Salían unas llamitas y puso el propio abanico para alimentarlas (ya haría otro en un santiamén), y arrancó unos puñados de la paja del techo de su casa, y hasta le dio unos hachazos a uno de los pilares para sacarle unas lascas finas de leña bien seca; ahí sí que el fuego cogía fuerza. Eso sí que es sociedad del descartable, hasta se puede poner la propia casa en la hoguera para calentarse, hasta que haya que hacer una casa nueva porque los pilares ya sean demasiado finos. Eso sí que es una sociedad de consumo: una sociedad donde el tiempo se pasa consumiendo, no produciendo; consumiendo poco o mucho, pero en cualquier caso consumiendo de verdad, consumiendo hasta que se acabe, porque lo que se tiene debe gastarse.

Intervalo para dejar claras algunas cosas

Que quede claro que no quiero proponer una vuelta a la Edad de Piedra; además, ya es demasiado tarde, ya no hay modo. No quiero que nos volvamos indios. Como si fuese cosa simple. Ser un indio no es nada fácil, ni siquiera para los que lo son; qué decir para los demás.

Que no, que esto no es un canto nostálgico al buen salvaje, que ni era bueno ni era salvaje en el sentido que suelen suponer los nostálgicos.

Que sí, que todo ese modo de gastar la vida y de gastar los víveres está fuera de propósito, que en eso estamos de acuerdo todos, sin diferencia de profesión, credo político o religioso; que llegados a esos paraísos del gasto radical a todos nos nace un misionero que intentará convencer a esa gente de que hay que guardar para el futuro, mucho o poco, pero hay que prever, tener un margen, un plan B.

Que no quiero catequizar a nadie en la fe del canibalismo y la orgía. Yo he contado todo eso solo para mostrar que, sabiendo cómo se consume allí, debería quedar muy claro que no, de ninguna manera, no, no vivimos en una sociedad de consumo.

Economía de la Edad de la Piedra

Alguien puede preguntarse cómo se puede pasar tanto tiempo consumiendo, aunque sea consumiendo unas modestas canoas repletas hasta el borde de cerveza de mandioca o de maíz, si no se trabaja muy duro para conseguirlo. Porque la naturaleza es una madre severa que nos hace sudar para arrancarle el sustento, o al menos nos hacía sudar hasta que la técnica nos libró de esa férula. En realidad esa historia de la madre severa es una calumnia destinada a convencernos de que el progreso ha sido el único camino posible para sacarnos de la miseria. Para unos, será un desmentido suficiente comparar las fotos de indios brasileños en sus primeros contactos en los años cuarenta o cincuenta con fotos actuales, después de décadas de asistencia sanitaria y de proyectos de desarrollo agrícola: quizás el progreso sea magnífico, pero no es fotogénico. Para quien prefiera argumentos por escrito, hay pruebas suficientes de que la agricultura extensiva —y todo lo que vino después de ella, hasta la era de la información— no nos ha salvado de otras miserias que las que ella misma causó; infelizmente, no de las peores. El progreso puede ser magnífico, pero en ese caso no debería justificarse calumniando la situación que se encontró al llegar, ni llamando avara, severa y cruel a la naturaleza que se dedicó desde entonces a desplumar: si el señor Green quisiese informarse un poco mejor, sabría que en la Edad de Piedra

—en la que, verdad es, se vivía menos años y no había coches— se trabajaba muchas menos horas al día. Los análisis de esos viejos huesos humanos encontrados en las excavaciones, o las informaciones obtenidas entre esas poblaciones de cazadores y recolectores aún ajenos a la agricultura extensiva de cereales y a la cría de ganado, indican una buena salud, una dieta rica y variada; antes de que el progreso llegase en forma de cultivos uniformes y población concentrada, las enfermedades infecciosas eran raras y las epidemias, desconocidas; no había graneros y por la misma razón no había plagas de langostas o gorgojos, ni ratas ni clases dirigentes. Cierto que ninguno o casi ninguno de nosotros cambiaría su vida de ahora por la de la Edad de Piedra: lo que quiero indicar aquí es que los nativos de la Edad de Piedra tenían muchos menos motivos para cambiar la suya por lo que vino después. Si la idea del buen salvaje ha seducido a tanta gente desde hace unos siglos, ha sido por causa de algunos malentendidos, pero también de una intuición certera: la Edad de Piedra ofrecía una salud del cuerpo, una autonomía del sujeto, un tiempo y un espacio que nunca más se conocieron durante milenios de progreso, mientras se cavaba en campos o minas, se cargaban piedras para pirámides o murallas y se entraba en fábricas y trincheras en pelotones apretados. Lo que el mundo contemporáneo presenta como premio final del progreso —se puede temer que sea solo un señuelo— es aquello que el progreso echó a perder nada más empezar. En nota, para los interesados, dejo un par de referencias sobre el asunto:[15] he ahí un tema muy interesante que tendrá que quedar para otro libro, porque lo que importa aquí es señalar que no, que esos primitivos que tendrían que estar escatimando hasta el últi-

15 Sahlins, M. (1987). *Economía de la Edad de Piedra* Madrid: Akal y Scott J. C. (2017). *Against the Grain: A Deep History of the Earliest States.* Yale University Press.

mo mendrugo para sobrevivir en realidad no parecían dedicar sus mayores esfuerzos a defenderse de la escasez, sino a defenderse de la abundancia.

Más cornadas da la hartura

Sí, ya hay quien ha sugerido esa idea: que todas esas fuerzas gastadas en consumir, ese prurito de tirar la casa por la ventana —aunque tu casa no tenga ventanas—, toda esa urgencia por desperdiciar no es puro gusto de fiesta. Creemos que consumir es fácil; del mismo modo, quien no ha trabajado nunca también piensa que trabajar es fácil. Pero es que en las verdaderas sociedades de consumo la fiesta no es un esparcimiento, no es una pausa; tiene algo de obligación. Lo que ocurre en ellas es una especie de dilapidación preventiva, un modo de alejar los males que podría traer la acumulación.

En los años cincuenta, en pleno auge misionero del desarrollismo, los antropólogos norteamericanos se preguntaban qué llevaba a las comunidades indígenas mexicanas a gastar en fiestas todo lo que tenían. Cuando un vecino se convertía en algo parecido a un labrador o un comerciante próspero, no podía soportar la presión de la comunidad para que asumiese un cargo de mayordomo de una fiesta patronal. O en otras palabras, para que se arruinase en una semana de comida, bebida, música, banderolas y cohetes para todos. Esas fiestas eran un agujero en la quilla de cualquier intento de mejorar la vida de los campesinos, un obstáculo al progreso, decían los entendidos. Los indios, por su parte, tenían la absurda teoría —al menos eso inferían algunos investigadores— de que los bienes del mundo son limitados, y de ese modo si alguien se vuelve extremamente rico será a costa de la extrema miseria de los otros. La abundancia es un peligro, y no hay mejor prevención que gastarla. Tampoco entraré en el tema: juzgue el lector por sí mismo.

Maldita riqueza

En 1949, Georges Bataille publicó un libro de poco más de doscientas páginas en el que proponía nada menos que una nueva teoría económica general: *La parte maldita*, se titula.[16] Un libro famoso entre los iniciados, pero ignorado por la mayoría. Sobre todo por los especialistas en la materia, los economistas que no podían tomar en serio el libro de un señor que se había hecho conocer por sus novelitas pornográficas y cuyo estilo ha sido definido con términos como «esteticismo decadente» y «narcisismo metafísico». Menos aún si el principio del libro contradice la propia definición de la economía. ¿Ciencia que se ocupa de la gestión de lo escaso? Nada de eso. Bataille pretendía, por el contrario, que el mundo rebosa de riqueza, y que la economía trata, desde el principio, de las maneras de domesticar o de esquivar ese exceso, de definir el modo en que será consumida, de encontrar la vena donde se practicará la sangría adecuada para que esa abundancia no produzca un desastre definitivo.

Una vez se interna uno por el libro va viendo que la idea no es tan absurda. Si se entiende la historia en términos de modos de producción y de propiedad y control de esos medios, todo se acaba reduciendo a cuatro o cinco grandes esquemas, y la historia a una línea evolutiva en que, ayudados por el avance de las ideas y las técnicas, podemos volver sobre el pasado y preguntarnos, satisfechos, cómo es que los tatarabuelos podían ser tan atrasados.

---

16 Bataille, G. (2009). *La parte maldita*. Buenos Aires: Las cuarenta.

Si las civilizaciones son, por el contrario, un modo de organizar el gasto, el panorama cambia. Organizar el gasto implica decidir muchas cosas: qué es importante y qué no, quién debe ocuparse de gastar sin producir y quién debe ocuparse de producir sin gastar, quién decide todo eso. Sobre todo implica *decidir*. Cuando se describen las civilizaciones según su gasto, se hace difícil sostener que las cosas son así porque no pueden ser de otro modo, esa excusa en que coinciden liberales y marxistas a la hora de contar la historia.

La parte maldita acaba por ser un libro serio, mucho más que la rápida caricatura que ofrezco aquí. Sus ideas hacen eco en todas las discusiones contemporáneas sobre ecología, sostenibilidad o decrecimiento, que estaban en aquel momento lejos de expresarse. Después de hablar del arte primitivo del derroche —los sacrificios aztecas y el potlatch aparecen ahí—, va repasando un rosario de civilizaciones para mostrar cómo en cada una el exceso es consumido de un modo, y cómo el poder se esmera en el control de ese gasto. Civilizaciones como la del Tíbet que erigen incontables monasterios y los llenan de una población improductiva de monjes. Civilizaciones como la del Islam inicial que convierten la sociedad en una empresa militar. Los ejemplos podrían multiplicarse: la España de lo que se vino a llamar el Siglo de Oro fue el consumo de un fabuloso botín en una orgía suntuaria y devota de la cual ha quedado para la memoria poco más que una fracción: ricos retablos, conventos, colecciones reales. Una fracción menor en comparación con guerras interminables —la de Flandes duró ochenta años—, de arquitecturas efímeras para procesiones o bodas o nacimientos reales o no reales y para una emulación general en la vanagloria. Toda una demostración de que la parte maldita es efectivamente maldita y hay modos catastróficos de lidiar con ella.

Bataille había dejado atrás su disoluta juventud y se había afiliado al partido comunista francés. Quizás por eso su libro concluye con una enrevesada disertación sobre la economía soviética que no guarda mucha relación con el argumento anterior. Era un poco temprano para adivinar que la Unión Soviética acabaría cuarenta años más tarde, después de perder una especie de potlatch monumental contra los Estados Unidos, y para prever que seguidamente la sociedad de consumo se aproximaría al ideal de fumarse el planeta entero sin llegar a ser una verdadera sociedad de consumo.

Cortocircuito

En cierto momento de su libro, Bataille se detiene en el calvinismo —el calvinismo sin sentido del humor—. Todo el mundo en las ciencias sociales conoce la teoría de Weber sobre los fundamentos puritanos del capitalismo: el ascetismo, el individualismo profundo, la ética del trabajo, la convicción de que la riqueza es un signo de estar predestinado a la salvación. Bataille la cuenta de otra manera. Los calvinistas opinan que Dios está muy distante; el dios de los calvinistas es un dios calvinista al que no se puede seducir con regalos, fiestas y adulaciones. O sea, ya es hora de acabar con todo ese derroche que el catolicismo llamaba «buenas obras» y que suponía un gasto infinito en enormes templos, retablos dorados, liturgia espectacular, y sobre todo decenas o centenas de miles de monjes y monjas, dedicados esencialmente a recordarle a Dios cuán grande es; o, en el mejor de los casos, repartiendo peces entre los pobres en lugar de mandarlos a pescar. Léase la España de aquellos tiempos. Se acabó el desperdicio: las monjas deben tornarse madres y amas de casa, los monjes deben ejercer funciones útiles. A trabajar, todo el mundo a trabajar. El calvinismo es austero y prudente, predica el ahorro y la laboriosidad.

¿Qué hacer con el superávit, entonces? Hasta ese momento, se había gastado siempre en dar rienda a los peores instintos o en alabar a Dios: el calvinismo no quería ni oír hablar de lo primero y consideraba vanidad lo segundo, así que tenía que encontrar un lugar donde hacer desembocar la parte maldita, y lo encontró al fin: el exceso podía usarse para producir más exceso.

Países frugales

Un historiador inglés, Simon Schama, publicó en los años ochenta un libro que trataba de ese cambio: *The Embarrassment of Riches*[17] [La vergüenza de la riqueza], se titulaba, y hay que decir que el título original no dice vergüenza, sino algo un poco menos fuerte: *embarrassment*. Algo que queda entre la vergüenza, la incomodidad y la inquietud, un título que Alexander Green calcó en su libro.

Los holandeses del siglo XVII no eran tan calvinistas como se suele suponer. Pero en nombre del calvinismo sostuvieron una larguísima guerra de independencia contra la Corona española y en nombre del calvinismo fundaron una extraña república semimonárquica fundada en sólidos y austeros principios calvinistas: el calvinismo no era necesariamente su guía de conducta cotidiana, pero sí un depositario de la verdad y de la rectitud moral, un *reservatorio* de principios a los que había que volver, sobre todo, en los momentos de crisis.

Con su acicate, los frugales holandeses, que ya eran ricos antes, se volvieron mucho más ricos, inmensamente ricos en las décadas siguientes, y estaban inquietos por ello. Porque una vida austera que se negaba al desperdicio y consagraba todas las horas del día al devoto trabajo en el comercio y la industria tenía como consecuencia un diluvio de porcelanas Ming, alfombras turcas, se-

---

17 Schama, S. (1988). *The Embarrassment of Riches. An Interpretation of Dutch Culture in the Golden Age*. London: Collins.

das de Lyon, espejos venecianos, lacas japonesas, esmeraldas brasileñas y zafiros orientales, especias de la India, azulejos de Delft, manteles y sábanas de Haarlem resplandecientes de blancura y, sobre todo, para susto de cualquier visitante extranjero, cientos y cientos de grabados y óleos colgando de las paredes de la casa hasta del tendero más corriente.[18] En un país pequeño, disputado con el mar, donde la riqueza y el poder no podían expresarse en vastas haciendas, grandes caballerizas y extensos bosques para monterías, los austeros burgueses atesoraban en sus casas un lujo de manufacturas que difícilmente se encontraba en otros países fuera de los palacios reales, o a veces ni en ellos. Las diferencias sociales eran grandes, pero más tolerables que en cualquier otro país europeo: los salarios de la clase obrera eran altos, la beneficencia pública era estricta, pero bastante generosa con una población de vagabundos y maleantes mucho menor que la que se podía encontrar en Francia, España o Inglaterra. La Holanda del siglo XVII fue un ensayo general del bienestar europeo de la segunda mitad del XX: no solo de su riqueza, sino también de su tolerancia religiosa y política, de la (relativa) emancipación femenina, de la educación liberal de los niños. Y sin embargo desconfiaba de ese bienestar, que podía guardar, que guardaba sin duda alguna trampa. ¿Qué hacer para sobrevivir a esa calamidad? ¿Cómo ser pudiente y continuar puro, cómo seguir humilde siendo tan rico? Porque era eso lo que Dios, que señalaba a sus elegidos con toda esa prosperidad, esperaba de sus elegidos. Dios daba ejemplo, además: nada de esas iglesias católicas, templos paganos mal disimulados. Paredes desnudas pintadas de blanco y nada de cuadros, porque a Dios no le gusta que lo retraten. Al calvinismo holandés —como al catolicismo español o portugués, al anglicanismo inglés, al Islam árabe o a unas cuantas

18 Esa idea es de Harold Beaver, en su reseña del libro de Schama publicada en *The New York Times* el 5 de julio de 1987.

religiones de imperios africanos de la época—, el tráfico negrero o el saqueo colonial no le causaba problemas de conciencia, pero el exceso de riqueza que producía, sí. No hay duda de que la mayoría de la humanidad aceptaría de buen grado vivir atormentada por ese problema, pero eso no quita que fuese un problema: el mismo Dios que había permitido toda esa opulencia podría un buen día castigar su disfrute. Ahí estaban las inundaciones, las pestes, las invasiones de las potencias vecinas, siempre la amenaza del palo de ese Dios que ofrecía el dulce para que los buenos creyentes lo guardasen sin tocar.

La mejor prueba de que no vivimos en una sociedad de consumo es que al instante nos parece absurda la idea de consumir sin producir. Pero la de producir sin consumir más allá de lo estrictamente necesario no parece absurda: solo deprimente y aburrida. Y, sin embargo, no es solo tan inconcebible como la primera: sus contradicciones son a contrapelo, a contracorriente, contra natura; más graves.

No es extraño que pensemos así. Eso es el capitalismo, es lo que hay, y no voy a hablar mal del capitalismo, ya hay gente de sobra ocupándose de eso. Y basta leer al señor Green para ver con cuánta desconsideración. El capitalismo es un magnífico invento, todo el mundo corre tras él, europeos, chinos, melanesios y malabares, todo el mundo salvo unas docenas de nativos de la Amazonia y de Sentinel Island que no saben lo que se pierden. Quién soy yo para criticar el capitalismo. Lejos de mí ese funesto vicio: solo me interesa pensar por qué produce tanta basura.

En las sociedades donde se produce solo para consumir basta con producir en sordina, sin alardes, sin moral del trabajo, aunque con eficiencia, porque no se puede perder el tiempo: la fiesta está al caer. En las sociedades centradas en la producción —casi todas, hoy por hoy—, se dedica una actividad frenética a algo que, trasladado a la geografía, sería como desviar y retener infinitamente los ríos para que nunca llegasen a dar en la mar, que es el morir. No debería haber punto sin nudo, no debería haber gasto sin beneficio, la farra y la fiesta solo se pueden tolerar porque crean puestos de trabajo. Las sociedades de producción sufren de una mutilación metafísica: se han quedado sin fin, no conciben el desenlace, solo conciben medios y más medios para empujar sus fines más allá.

Eso tiene consecuencias cotidianas. Las actividades-fin, esas cuya única consecuencia es el bienestar, o el placer, son vistas con desconfianza y tratadas con severidad: las tijeras siempre están preparadas para cortarlas a la menor señal, todo se hace para que salgan más baratas, para que sobre dinero para la inversión. Por el contrario, las actividades-medio, aquellas supuestamente dirigidas a aumentar la producción o el lucro, crecen prodigiosamente, en una medida desconocida en cualquier otra era, longitud o latitud, y se pagan mejor que cualquier actividad-fin. A la primera señal de crisis todo el mundo grita: «¡Soy inversión, no gasto!» para salvarse. A cierta figura política brasileña —no de las peores— un periodista le hizo notar que la educación brasileña gastaba más en administración que en docencia. Cuentan que respondió: «Administración es inversión, docencia es gasto». La letra puede ser apócrifa, el espíritu no.

Ser inversión es condición para ser tolerado. Las necesidades del sujeto contemporáneo crecen como la espuma porque lo que sería inaceptable como lujo y como placer puede pasar si se presenta como necesidad, como medio para seguir produciendo y crecer, más y mejor. Un fantástico baile de disfraces, porque la utilidad de los miles de ítems imprescindibles que se acumulan año tras año es más que dudosa. Pero ahí están los buenos oficios de millones de profesionales sin más función que la de hacer parecer vital lo superfluo. Claro que no convencen a todo el mundo: los que no compran la idea menean la cabeza con desagrado y dicen que vivimos en una sociedad de consumo.

Precursores

En la Holanda que describe Simon Schama esto estaba solo en sus inicios, pero mostraba los caminos que se transitarían después. El de la acumulación, por ejemplo. La riqueza del siglo XVII empezó a democratizar el coleccionismo, el abarrotamiento, que antes era un privilegio raro de la alta aristocracia: las porcelanas europeas empezaron a ser fabricadas como imitaciones baratas de las chinas, y lo mismo se puede decir de toda la industria que desde entonces fue recorriendo el camino que va del lujo a la necesidad y de la necesidad a la baratija. Los hogares rebosaban y no era cuestión de romper las copas y los platos después de usarlos, tenían su valor, eran un capital, iban al anticuario, a los abarrotes, a los mercados «de las pulgas». Con el tiempo empezaron a aparecer esos oficios un poco siniestros: el ropavejero, el chamarilero, el trapero, el chatarrero, agentes fúnebres de esas cosas que el reciclado doméstico ya no digería; comerciantes marginales, sucios, en las lindes del delito cada vez más a medida que esa mercancía descendente se iba haciendo más abundante, más trivial, más sin valor, hasta llegar, no hace tanto tiempo, a confundirse con los residuos de cocina, las sobras de comida o los excrementos de los animales de compañía.

O POR ejemplo la aparición de un nuevo tipo de ocio. El calvinismo holandés tenía que vérselas con una opulenta tradición festiva: fiestas religiosas, cívicas, cívico-religiosas, gasto y más gasto, consumo y más consumo. Eso no podía seguir así, pero tampoco podía acabarse de raíz, era necesario ir recortando con criterio, disminuir salvando lo que las fiestas podían tener de verdaderamente edificante, modélico, productivo. En el límite, descendiendo en la escala, allá donde la fiesta se hacía demasiado privada, lejos del buen ejemplo ciudadano o patriótico, podría al menos entenderse como descanso, como reparación de fuerzas. Así nació la idea del consumo como inactividad, una idea que habría parecido inverosímil en las sociedades de consumo, donde la fiesta era el auge de la actividad y el esfuerzo. Un tiempo libre, un tiempo estéril, un barbecho, un intervalo para la reanudación del trabajo, un tiempo sin esfuerzo, porque no se malgasta esfuerzo en algo no productivo. Se acabaron las orgías atléticas. No es extraño que «droga» sea una palabra de origen holandés, que al principio designaba la mercancía seca.[19] El comercio colonial fue, aún más que un comercio de lujo, un comercio de remedios contra la ansiedad: los holandeses se volvieron los primeros grandes fumadores de Europa. O del mundo, porque en su lugar de origen, América, el humo del tabaco era —continúa siéndolo para muchos— un medio de co-

---

19 PICOCHE, J. (1992). *Dictionnaire Étymologique du français.* Paris: Robert. «Drogas do sertão» era el nombre que se daba en el Brasil colonial —que tuvo una importante presencia holandesa— a todos los productos de extracción de la selva, y la expresión «secos e molhados» todavía se recuerda como equivalente de lo que en España se llamó «ultramarinos». La etimología de «droga» que da el diccionario de Corominas, que la deriva de una raíz céltica significando «cosa mala», está demasiado marcada por el prejuicio.

municarse con los espíritus y no una pausa relajante. Aún más si mezclado con marihuana, el cáñamo que probablemente llenaba las pipas holandesas al lado del tabaco caribeño. Y el té. Y el azúcar, mucho azúcar en el té: la Europa del trabajo intenso y del ansioso descanso fue el lugar donde se echó azúcar, mucho azúcar a todas esas bebidas que en sus lugares de origen se tomaban amargas: el té, el café, el chocolate. Los argentinos llegan a la abominación de la desolación de echarle azúcar al mate guaraní. Y para endulzar de ese modo la vida sirvieron las plantaciones de caña de azúcar, de té y de café. Y el alcohol, por supuesto: si el azúcar se deja ver, en la pintura holandesa, en esos personajes rollizos, mucho más rollizos que los que se ven en la pintura de cualquier otro país contemporáneo, es también en esa pintura donde se ven, con expresiva frecuencia, borrachos. El dios calvinista era un adepto del *double bind*, el doble vínculo, ese juego psicológico que según algunos especialistas es un camino seguro hacia la esquizofrenia y que consiste en dar al mismo tiempo órdenes contradictorias: exigía una vida de sobriedad mientras en premio de esta hacía llegar todos los días barcos y más barcos cargados de tentaciones. La historia de las drogas, de unos siglos acá, es el resumen de la historia del consumo: del sacramento al excremento, de un modo de comunicarse con la divinidad a un agente del Mal.

Pero si la Holanda del Siglo de Oro ha sido la precursora del mundo contemporáneo, eso se nota sobre todo en un tercer aspecto: la limpieza, la obsesión con la limpieza. Si el lujo estaba peligrosamente próximo al pecado, a la suciedad, quizás el camino de la salvación estuviese en la limpieza. Y el lujo holandés resplandecía de limpio, en unos niveles inauditos para la puerca Europa del tiempo: los viajeros de otros países contemplaban atónitos cómo las criadas holandesas fregaban y volvían a fregar una acera que ya estaba limpia; los manuales de economía doméstica decretaban una rutina semanal impecable, los cepillos entraban en la heráldica. Es todo un signo que el almirante Tromp, Tromp el héroe holandés, vencedor de fanáticos españoles y de fanáticos ingleses, Tromp el navegador sin miedo, a la vez poderoso marino y humilde diácono de la iglesia, el almirante Tromp, cuyo hijo sería también gran almirante pero corroído por el fasto y la bebida hasta acabar sus días horriblemente angustiado por las penas del infierno que le esperaba, Tromp padre, Tromp el grande, en suma, el héroe de la nación holandesa, pusiese como enseña de su barco —eso cuentan— no una espada ni una corona ni una porcelana Ming, sino una escoba.

Cuidarse

La escoba de barrer, la varita mágica que produce la basura, la que barre la suciedad de siempre pero también los objetos que ya no sirven, demasiado rotos y ajados, demasiado abundantes; y barre las drogas y a los drogados y a los borrachos. La parte principal de la basura actual es suciedad de segundo orden, producida para protegernos de la contaminación. El plástico que acaba formando islas aberrantes en medio del océano, o que acaba pulverizado en partículas en el suelo, el agua o los alimentos, ha sido producido con la misión explícita de apartarnos de la inmundicia y de su peligro. La lista, cuatro siglos después del almirante Tromp, es interminable: botellas desechables, vasos desechables, cubiertos, envoltorios, guantes, jeringuillas, pañales, bolsas, máscaras. El planeta que habitamos es un foco infeccioso del que hay que protegerse: guantes, estropajo, amoníaco y lejía, mascarillas. Hay virus, bacilos, bacterias, hongos, ácaros por todas partes. ¿Hace falta recordarlo?

Las verdaderas sociedades de consumo han sido tildadas de bárbaras, salvajes e ignorantes. Hay una razón de peso para ello: fueron derrotadas. Si el vencedor no tiene derecho a explicar su victoria como le place, qué gracia tendría vencer.

Con el tiempo, a los vencidos se les ha reconocido algún mérito. Algunas de esas sociedades, especialmente las más salvajes, conseguían vivir en equilibrio con el medio ambiente. Solemos ver en ellas un modelo de preservación ambiental, de donde podrían sacarse enseñanzas para el uso sostenible de los recursos.

La cuestión es profusa y compleja, entre otras cosas porque bajo un mismo rótulo se emparejan cientos de culturas muy diferentes entre sí; pero en síntesis es muy probable que esa simpática idea del ecologismo primitivo repose en un equívoco. Esos pueblos que deberían ofrecernos modelos de respeto a la naturaleza y de uso sostenible de sus recursos carecen, en general, de la noción de una naturaleza al margen de lo humano, y por ende no piensan en ella cómo fuente de «recursos». Si viven en equilibrio con el medio ambiente no es, fundamentalmente, porque lo preserven, sino porque consumen simétricamente: se consumen a sí mismos exactamente en la misma medida en que consumen, con todas sus fuerzas, lo que tienen alrededor. No crecen a sus expensas.

Por eso fueron derrotadas por una civilización, la nuestra, obcecada en preservarse. En acumular, persistir y crecer a costa de todo. Decidida a todo para defenderse de la infección del mundo, sin escrúpulos de infectar al mundo a su vez —qué idea inconcebible—. Lo pagaron esas sociedades de consumo, demasiado confiadas con los extraños y así demasiado vulnerables a sus armas y sus virus, demasiado dispuestas a beber su aguardiente como bebían su *cauim*, poco interesadas en vivir eternamente, más seducidas por la muerte entusiástica que por la vejez. No tenían ninguna baza frente a esa gente que luchaba a la defensiva, mataba a distancia y hacía las cuentas con cuidado.

Consumismo

La basura es lo que tenemos en lugar del consumo conspicuo de las borracheras tupinambá o las fiestas sacrificiales mexicanas. Es el resultado imprevisto de una especie de orgía al revés, y es irónico que los vertederos parezcan a veces enormes pirámides. Guardar, producir, guardar, aumentar, ahorrar, durar, preservarse: ¿quién diría que el resultado de eso llegaría alguna vez a hacer temer una catástrofe? No vivimos en una sociedad de consumo. Sí en una sociedad *consumista*, por supuesto. La diferencia no es poca. Es la misma que hay entre la moral y el moralismo, la paz y el pacifismo, la liberalidad y el liberalismo. Hay muchos ejemplos de ese contraste entre la realidad y la pretensión.

Una sociedad consumista, sí. No hay nada que se aleje tanto de una sociedad de consumo como una sociedad consumista. El consumismo es una aspiración, no una capacidad: consumir de verdad exige un arrojo que asociamos con el desastre y la vida breve. El consumismo es una avidez, una inquietud impotente que se calma con apropiaciones reiteradas y obsesivas; hay que tirar mucho para hacer espacio a las nuevas adquisiciones, cuyo valor se cifra en que son nuevas.

El consumismo es un tipo de disciplina ascética, porque no permite un gozo detenido de las cosas, ni ese placer de los sentidos que exige demasiado tiempo. No te apegues a tus bienes: mañana serán obsoletos.

El consumista ama las cosas con prisas, como el sultán de *Las mil y una noches* amaba a las mujeres, descartando una a cada madrugada para buscar la próxima. Es una nostalgia de la capacidad de consumo perdida. El consumismo es un prodigio del doble vínculo, ya se ha dicho. Hay que vivir el momento como si no hubiese mañana, no sin ahorrar para el mañana, que puede durar mucho

mucho, cada vez más; con un buen plan de jubilación serás un octogenario que hará hip hop o surf de día y por la noche cenará con champán a la luz de las velas. Pero para eso hay que conservarse: vive intensamente, pero no bebas, no fumes, no te drogues; sobre todo no pierdas el tiempo, qué haces ahí parado, eres joven, eres aún joven, eres joven siempre, cada día es un nuevo comienzo, vence tus límites, cruza los mares, aprende idiomas, el mundo es pequeño para ti; reinvéntate, osa, desea, invierte, actualiza tu antivirus, no hables con desconocidos. La sociedad consumista junta la petulancia aventurera con una estricta contabilidad de centavos, horas o calorías. Su ciudadano ideal es aquel que consigue pasar largas jornadas delante de una pantalla sintiéndose como el cautivo de los tupinambá, que parecía que iba a comerse a todos sus devoradores.

Carpe diem

El modelo tupinambá de sociedad de consumo es radical y es muy improbable que le interese a alguien; ser un caníbal no es nada fácil. Pero hay en la tradición occidental una versión bastante más moderada de esa idea, puesta en verso en una oda de Horacio hace más de dos mil años: *carpe diem*. La traducción es más difícil de lo que parece: disfruta del momento, goza del presente... dicho así suena demasiado a esos lemas publicitarios que instan a correr mucho. La frase se popularizó en boca del protagonista de una película de gran éxito, *El club de los poetas muertos*, que la completaba con un: «¡Haced algo extraordinario de vuestras vidas!», un énfasis más de Robin Williams que de Horacio. El consumismo es el anti *carpe diem* enmascarado de *carpe diem*. En latín, *carpe* es el imperativo de un verbo que alude en primera acepción a coger una fruta. Una, no una cosecha: la fruta madura de ese día —o el día mismo, *diem*, una fruta madura en sí mismo—. Sin prisas: mañana madurará otra y si estás ahí, podrás cogerla. No se trata de vivir intensamente el momento como si no hubiese mañana. Es probable que lo haya, pero frenesí por frenesí, hay que evitar sobre todo el frenesí de la previsión y no especular en el mercado de futuros. Horacio no era un extremista, no por acaso otra de sus odas famosas es una que elogia la *aurea mediocritas*; cómo iba a saber que con el tiempo su frase se volvería un lema radical en dos sentidos opuestos.[20]

Revoltijo

Siempre podría decirse que, aunque al ciudadano consumista no le queden fuerzas para consumir lo que compró, su sociedad consume por él, que la sociedad consumista es, al cabo, una sociedad de consumo porque consume a grandes bocados el planeta, de donde toma las materias primas y la energía, y está a punto de devorarlo. Pero eso no deja de ser otra fantasía de poder. La humanidad tiene una idea exagerada de sí. La física y la química del bachillerato llegan para saber que nada se pierde, todo se transforma, y lo que la humanidad hace con su planeta se parece más a eso que los niños desganados hacen con su plato: no comen pero pican, cortan, desmenuzan, revuelven, mezclan, revuelven hasta obtener un amasijo que nadie podrá ya llevarse a la boca.

---

20 En el momento de revisar la versión definitiva de este libro, tomo conocimiento de un libro reciente de Roman Krznaric que desarrolla algunas ideas semejantes sobre el secuestro del lema de Horacio por el evangelio consumista. Recuperado el 15/08/2020 de https://www.theguardian.com/lifeandstyle/2017/apr/02/reclaming-carpe-diem-how-we-really-seize-the-day

IV. Basura estructurante

Teorema

Esto no es un sermón. Es un ajuste de cuentas —el único a mi alcance— con los promotores del vertedero, un libelo sin pretensiones teóricas. Pero para que se pueda comprender mejor, quizás sea útil resumirlo en un teorema:

> En ausencia de un consumo legítimo del exceso, un sistema de producción tiende a suplir su falta produciendo directamente desechos, y redirigiendo todos sus elementos hacia ese fin.

Eso no es ningún hallazgo, sino un resumen, hecho por un lego, de incontables análisis muy ponderados de la economía global del capitalismo financiero, hechos por especialistas. Pero un lego puede permitirse llamar a las cosas por su nombre: civilización de la basura. Si por basura entendemos nada más que los detritos que se acumulan en tierras y mares estamos olvidando que, ya desde su propia etimología, la basura tiene un sentido activo; que la basura es un objeto pero es sobre todo el acto de producirlo. Y si en este mundo la basura se amontona como lo hace, es porque ella no es un accidente, sino un principio estructurante. Para comprobarlo, basta rastrear en el léxico actual las ocasiones en que el vocablo «basura» aparece como un modificador conceptual, adoptado para dar cuenta de alguna nueva realidad.

El mundo de la basura laboral es muy complejo, y habría que desglosarlo en varios subítems, a saber: los contratos basura, el trabajo basura y la conjunción de ambos.

No hay que confundir el trabajo basura con el trabajo resultante de contratos basura. Gracias a los contratos basura, innumerables seres humanos realizan, en pésimas condiciones y por una paga vil, trabajos hermosos, útiles o, a menudo, indispensables. La enfermería, sin ir más lejos, ha sido uno de los sectores más afectados por los contratos basura. Llegó el coronavirus y buena parte de la existencia de la humanidad confinada pasó a depender de gente trabajando en virtud de contratos basura: cajeras de supermercado, repartidores a domicilio, recogedores de basura...

El universo del contrato basura depende de la velocidad a la que se haya desarrollado el mercado de trabajo ahí donde usted vive. No se limita a trabajos no cualificados: con un contrato basura se puede ser, según los lugares, agente de seguridad, profesor, empleado de hostelería, médico. En general, cualquier trabajo que tenga como resultado inmediato un producto útil o un servicio a personas concretas, en suma, cualquier trabajo destinado a una actividad-fin —a un consumo— está situado en el fin de la escala y se ve expuesto a los contratos basura.

Según algunos expertos, lo ideal sería que todo el mundo trabajase con contratos basura, porque el contrato basura se ajusta a nuestro teorema: el contratante lo mantiene solo hasta encontrar un empleado más barato, el contratado solo hasta encontrar algo mejor. Eso, como sabemos, tonifica la ambición personal, la disposición a competir y a reinventarse. Gracias a esas actitudes virtuosas, el sujeto puede aspirar a ejercer algún día un trabajo basura bien pagado. Porque los trabajos basura pueden estar muy bien pagados mediante contratos de oro. «Trabajos basura» traduce, aquí, una expresión un poco más brusca que el antropólogo americano David Graeber ha empleado en un libro reciente: *bullshit jobs*, trabajos de mierda.[21]

Definir el trabajo de mierda, o el trabajo basura, parece más difícil de lo que es en realidad. Hasta llegar a las actividades-fin regidas por los contratos basura hay un cierto número de actividades-medio que se han multiplicado hasta lo inverosímil en la cadena organizativa de las empresas. Muchos de sus titulares reconocen, después de haber bebido unas copas, que consagran su vida —toda su vida, porque el trabajo basura suele ser estresante— a funciones que no tienen ninguna utilidad ni interés palpable para un ser humano corriente y que si desapareciesen totalmente, lo harían sin otra consecuencia que, probablemente, la de un mundo más habitable. No quiero ofender a nadie haciendo una lista de los trabajos basura más prometedores. Graeber los clasifica en categorías difíciles de traducir, y se puede decir que se extienden especialmente en tres sectores. Uno tiene una ya larga tradición que se remonta a la de los espantadores de moscas y los lamebotas de las antiguas cortes; otro se esfuerza en combatir los peligros de la desorientación y la angustia que podrían sufrir los ciudadanos, obligándoles a ocupar su tiempo libre en rellenar formularios; otro, en fin, se consagra a aumentar el patrimonio financiero de individuos que le podrían dar propinas a un faraón.

La reorganización de la actividad económica mediante contratos basura es uno de los trabajos basura que mejor pagan. Reformar una gran empresa, convirtiéndola en una galaxia de moléculas de trabajo precario, es una hazaña que suele ser recompensada con primas astronómicas, incluso cuando la empresa quiebra —en

---

21 Graeber, D. (2018). *Trabajos de mierda*. Barcelona: Ariel. El libro desarrolla este artículo previo, recuperado el 13/08/2020 de https://www.strike.coop/bullshit-jobs

cualquier caso ha sido por el bien mayor de la civilización de la basura—. Por supuesto, la obra maestra del trabajo basura son esos puestos de trabajo que tienen el mérito de juntar el trabajo basura con el contrato basura: el *telemarketing* y la atención de *call centers* son los campos en que se han alcanzado los mejores resultados.

Comida basura

Hay muchas buenas razones para comer comida basura. Una es la suposición de que algo que genera tanta basura (embalajes, pajitas, cubiertos de usar y tirar) tiene por fuerza que protegernos de toda contaminación. Las cadenas de producción de la comida basura no son las más higiénicas del mundo, pero la exhibición de embalajes vírgenes que irán seguidamente al tacho da una reconfortante sensación de limpieza, más apreciada aún si se explora un país extranjero, plagado de suciedades desconocidas. Además, la comida basura es barata: no es que sea barata en sí, pero es la que puede pagar quien recibe un sueldo basura cuyo contrato basura no le deja tiempo para otra cosa.

Se puede añadir otro atractivo. Comer comida basura es un corte de mangas a todos esos pelmas elitistas que han inventado el concepto de comida basura: higienistas, ecochatos y exquisitos. La comida basura destierra esa idea irritante que se suele encontrar en las verdaderas sociedades de consumo: la de que el placer está ligado a la actividad, el saber y el esfuerzo. Educar el paladar a la hora de comer es como imponer el uso del futuro de subjuntivo a la hora de hablar.

Pero en ese punto se añaden otras razones: por ejemplo, la ayuda al desarrollo basura. Los ingredientes de la comida basura vienen, casi en exclusiva, de la agroindustria que hace prosperar el PIB de unos cuantos países emergentes. Proteína, almidones diversos, aceite de palma, saborizantes, azúcar, mucho azúcar en lo que es dulce y en lo que no lo es. Los expertos en *marketing* de la comida basura saben que su mejor argumento es el del deseo, el del placer culpable. Puede ser nociva pero es deseable, tu superego pedante puede repetirte con el dedo en ristre que comas muchas frutas y verduras, pero lo que quieres en el fondo es eso otro, tus glándulas se amotinan allá dentro y piden eso que los finos llaman basura. Nada ayuda más al desarrollo que ese deseo irreprimible de una bolsa de ganchitos y una pingüe hamburguesa. Y de otra más, porque como bien dice el lema te será imposible comer solo una.

El desarrollo es la continuación de la colonización por otros medios, que son los mismos de siempre. A los que piensen que la colonización del tercer mundo se dio por la superioridad de la técnica y por la luz de la cultura y el evangelio, o para los que son un poco más realistas y piensan que fue gracias al hierro y a la pólvora, recomiendo que presten atención al azúcar. La caña hizo por el progreso más que muchos regimientos. Cuando los misioneros censuraban las crueldades de los conquistadores y proponían a las autoridades atraer a los indios con medios más dulces no siempre hablaban en metáfora: el azúcar vicia, es capaz de hacer que la gente trabaje para probarlo otra vez. Si se destila, vicia aún más. Los indios, habituados a sus borracheras de días y noches, descubrieron la eficiencia del *cauim* de los blancos, que en una ronda o dos llevaba al sueño y en algunas más, al sueño eterno. Se lo contaba a Jean de Léry uno de sus amigos caníbales, que había bebido de un tonel encontrado en un barco portugués, después de comerse a sus tripulantes. En Brasil, en particular, el azúcar civilizó a un país de caníbales: los dejó sin dientes. La comida basura tiene un papel tan importante en la civilización del mundo que en lugar de llamarla basura deberían ponerla en pedestales, en lugar de los negreros y los descubridores.

Basta recordar el papel que Silvio Berlusconi tuvo en la creación y expansión de la telebasura, o el papel que la telebasura tuvo en la creación y expansión de Silvio Berlusconi, para reconocer que ambos tienen un papel constituyente en la política contemporánea; ella y sus descendientes web, él y sus muchos retoños. La telebasura ha sido el más rico hontanar de las redes sociales. Lejos de mí pretender que antes de las redes sociales y de la telebasura no había otro tipo de telebasura. No: el tiempo de la peste negra tuvo la suya, y lo mismo el tiempo de la Inquisición, y el de los nazis y el de la masacre de los tutsis; pero, en fin, nuestro tiempo tiene esta.

Habrá quien diga que la exposición a la telebasura embrutece. Eso es discutible; los intelectuales conscientes tienen recelos en usar tales argumentos morales, y si no tienen recelos algún colega les presta los suyos. Los intelectuales conscientes andan escasos de público y no les gusta parecer nostálgicos ni malquistarse con lo muy popular: quién soy yo para imponer modelos. Además, sabemos que no hay mayor tontería que esa de la influencia nefasta de los contenidos: nadie se vuelve violento por ver películas violentas, ni gay por leer lo que un gay escribió, ni atleta por ver programas deportivos.

Mi modelo insuperable de telebasura es (no veo razones para que haya desaparecido) un programa de la televisión brasileña, *El programa de Ratinho*. Ratinho, ratón, es el nombre de su creador y presentador. Cuando lo vi por primera vez pensé que algo así sería impensable en cualquier otro rincón más afortunado del universo; no mucho después comprobé que estaba equivocado y que muchas televisiones europeas se esforzaban inútilmente en igualarlo.

El programa de Ratinho duraba horas y se emitía, creo, todos los días de la semana. Su verdadero clímax estaba en un segmento titulado «La prueba del ADN». Un hombre y una mujer sentados en dos sofás frente a frente, a unos tres metros de distancia. Ella dice que está embarazada de él, y él lo niega. Detrás de una pantalla blanca, la sombra de un científico haciendo la prueba del ADN. Cada contrincante va acompañado por un partidario: la mujer, en general, por su madre; y el hombre, en general, por su hermana. Los argumentos se cruzan: que sí, que no, que sí, que no, que esa mujer llevaba hombres a casa y se acostaba con ellos por dinero, que ese mamarracho se lo gasta todo en bebida con los amigos y ya le ha puesto el culo a más de uno. Zorra, chapero, puerca, calzonazos, sifilítica, leproso. En algún momento, la sombra del científico daba su dictamen: solía confirmar la paternidad alegada. Entonces, los protagonistas se levantaban del sofá, se golpeaban, se arañaban, se tiraban del pelo mientras una *troupe* de enanos, payasos y fenómenos invadía el plató enzarzándose en la pelea al son de una pachanga que decía: «A romperlo todo, a tirarlo todo». Ratinho, en la vida civil Carlos Roberto Massa, era (es) un fornido empresario, dueño de varias cadenas de televisión y famoso por tronar por la moral y contra la corrupción de los políticos con el micrófono en una mano y una porra en la otra. Con su programa ha cimentado una próspera carrera política. Fue concejal de Curitiba —una de las ciudades más europeas de Brasil, se suele decir— y diputado federal, y su hijo le ha seguido en la carrera política; ambos apoyan al presidente Bolsonaro.

Lo que hay de realidad en los *reality shows*, base de la baratura de la telebasura, es siempre indiscernible. Actores, sí, más o menos improvisados: pero esos papeles que aceptan no dejan de tener una relación densa con su vida. Si la realidad imita a la ficción, imita a la ficción basura también. No deberíamos exagerar la medida en que esa ficción basura ha influido en la realidad: multitud de familias de bien asisten a esos programas sin pegarse ni arañarse, y si en algún caso lo hacen probablemente ya lo hacían antes de verlos. Lo que convierte la telebasura en un instrumento temible no es su contenido, sino su perspectiva.

Delante de los culebrones lujosos o de las películas americanas de la tele de otros tiempos, el proletariado reaccionaba con actitudes que iban de la fascinación al rechazo: del deseo de imitar a esa gente rica y guapa al desprecio de los pijos, pasando por una larga serie de mediaciones. La telebasura es otra cosa: uno de los mayores placeres del telespectador de la telebasura —que no deja de percibir que está viendo basura— es pasar horas comprobando con sus propios ojos qué clase de basura es capaz de ver la gente, y sobre todo qué género de basura humana se supone que puebla el mundo, en una estética de patio de matadero. Políticos como Ratinho han edificado un nuevo y triunfante tipo de carrera política ofreciendo al electorado un bastión y una porra que los defienda de esa ralea que ellos mismos han creado en su plató.

Hablar basura

A Arthur Schopenhauer se debe el magnífico tratado *Dialéctica erística o el arte de tener razón, descrito en 38 estratagemas,* donde enseña cómo salir victorioso de una discusión. De sus 38 estratagemas, hay cuatro (la 8, la 18, la 36 y la 38) que anuncian lo que más recientemente se ha venido a llamar *trash-talk,* «hablar basura», en una traducción sencilla. Se trata, en resumen, de enterrar al antagonista bajo un alud de basura verbal: despropósitos y sinsentidos pronunciados con toda la agresividad de que se disponga. El adversario pierde los nervios, se desorienta, tartamudea, o responde de manera igualmente agresiva y, en definitiva, se muestra de un modo u otro débil. Si mantiene la calma puede acabar pareciendo aburrido, o sugerir que tiene horchata en lugar de sangre. El hablar basura en su actual acepción tiene orígenes populares, y más en particular afronorteamericanos: es una táctica ambigua, pero eficaz, de la que se ha hablado mucho en la liga americana de baloncesto. Muhammad Ali, cuando aún se llamaba Cassius Clay, le dio una proyección internacional: el gran boxeador era tan capaz de soltar un torrente de bobadas provocativas como de mantener discusiones singularmente lúcidas sobre sus causas. En su paso a la política profesional, el hablar basura se va imponiendo gracias a ese foco en la eficacia que promueve el *coaching* empresarial y político: para qué perder el tiempo en discusiones lúcidas si el efecto pragmático del habla es preferible a un mensaje que será mejor recibido si no se entiende.

Comunicación basura

Hace mucho que al lado de los buzones de correos de todos los edificios hay una papelera donde va a parar inmediatamente casi todo lo que se recibe: correspondencia basura generada y distribuida por el trabajo basura. Ese correo basura físico ya ha sido convertido en una anécdota anticuada por olas sucesivas de comunicación basura de última generación: la del correo electrónico, la del SMS y la de las redes sociales. Ello hace que la segunda función más apreciada de todos los instrumentos de la era digital, justo después de su conectividad, sea su desconectividad: la que nos permite identificar y no atender llamadas, no recibir correos, y cerrar el paso a amenazas digitales; papeleras, antivirus, *firewalls.* Hay que reconocer que ninguna tecnología se esmera tanto como la digital en librarnos de los problemas que ella misma produce.

Del buzón empírico a las redes sociales, la comunicación basura ha ganado en capacidad de multiplicarse y llenar la tierra, pero sobre todo en fluidez, igual que la basura material que la lluvia arrastra al río y el río arrastra al mar. Pasa a circular eternamente sin que nadie consiga borrarla. Algunos cientos de galeotes digitales al servicio de los gigantes de la internet se pasan la vida encadenados a la pantalla navegando con la misión imposible de recogerla mientras los usuarios la contrabandean: agotados, sus criterios les permiten detectar poco más que decapitaciones, culos y tetas. La comunicación basura tiene la virtud de convertir en basura toda la comunicación, porque la sobreabundancia satura los intersticios y convierte en intersticio el espacio en su totalidad. Es en medio de esa sucia proliferación donde la noticia basura —*fake news* no deja de ser otro eufemismo, que habla de lo falso, pero no de lo tóxico— se ha vuelto uno de los pilares de un estilo de hacer política que se va alzando con todo. En la misma internet se difunden constantemente instrucciones para identificar las noticias basura. En vano: el único modo de reconocer la basura en la información es saber leer en el sentido amplio del término, y eso exige gastar demasiado tiempo en un ocio improductivo.

Basura blanca

Traduce el término *white trash*, que hará ya unos doscientos años empezó a ser usado por los ricos hacendados esclavistas del sur de los Estados Unidos para designar a los inmigrantes europeos pobres que, en lugar de aprovechar las inmensas posibilidades de medrar que les ofrecía su nueva patria, se empeñaban en continuar pobres generación tras generación.

Se les llamaba así porque habría sido redundante llamar basura a las otras categorías raciales, desechables por naturaleza, y porque, meandros de la historia mediante, la sangre de los ricos hacendados esclavistas era un poco menos pura de lo deseable, conteniendo algunas gotas negras o indias irremediables. «Basura, puede ser; pero blanca», podían responder los así insultados, agarrándose a su mejor baza.

La basura blanca, idealmente, frecuenta la comida basura y la telebasura y vota contra todo lo que le parezca no suficientemente blanco. El momento de gracia de la basura banca se dio en los ya lejanos años de la Gran Depresión: sus rostros están en esas fotografías en blanco y negro de familias famélicas recorriendo el Medio Oeste en busca de trabajo. Sus miembros protagonizan las novelas de Faulkner y alguna película de John Ford; era en ellos en quien pensaba Marx cuando apostaba en los Estados Unidos como tierra de promisión de la revolución comunista. Concluido ese tiempo épico, su principal función política ha sido la de estirar el tejido político hacia los confines de la derecha, lo bastante como para que Obama o Clinton pasen por bolcheviques.

El término «basura blanca» va siendo exportado a otros continentes como el europeo, aunque poco a poco, a la zaga de una nueva configuración política que da a los partidos políticos la posibilidad de reinventarse. La derecha hereda el estilo campechano de la izquierda y hereda su electorado, y esta puede dedicarse libremente a la heteroglosia cultural y a la ortodoxia financiera.

Dinero basura

Todos recordamos la historia de las hipotecas basura, aquellos créditos concedidos sin ninguna garantía verosímil que acabaron en catástrofe. Las hipotecas basura fueron creadas por el dinero basura, que suele ser designado por el eufemismo de capital especulativo, a su vez llamado capital financiero en sus buenos momentos. Esto no es una soflama anticapitalista: personas de orden favorables a la iniciativa privada y al mercado tienen cosas terribles que decir sobre el dinero basura, aunque prefieran los eufemismos. En general, todo el espectro político, de izquierda a derecha o viceversa, trata el dinero basura no como se trata la basura, sino como a un joven díscolo de buena familia al que a lo sumo se puede echar una bronca no sin antes haber pagado los desperfectos.

El problema, según las opiniones más benévolas, es que ha crecido demasiado: si no puede aún comprar el planeta entero no está demasiado lejos de ello. Tiene el mismo tipo de lastre que las hipotecas basura, o sea, ninguno. Ha dejado de representar una reserva de lingotes de oro guardada en algún lugar, sus relaciones con el patrimonio o los lucros de empresas son difusos y a veces meramente platónicos, es dinero virtual, una especie de enorme nube que flota sobre mares y continentes. Su origen es desconocido en el detalle y famoso a grandes rasgos: su genealogía apunta a actos que antes o después se revelaron delictivos, cometidos por personas que antes o después se tornaron respetables. La trata negrera fue una ocasión excepcional para la constitución de capitales financieros, pero no fue ni la primera ni la última. Petrodólares y narcodólares entran en la cuenta: antes o después, en la nube las discriminaciones se borran y todos acaban siendo meramente dólares. Mientras no se dan las ocasiones excepcionales, el dinero basura pasa el rato dedicado a mil y una versiones del juego de la pirámide, que yo aprendí a los diez años en un libro de aritmética recreativa, y que es el único medio conocido de que el dinero brote en abundancia de la nada.

El dinero basura, a pesar de frecuentar los círculos más selectos, mantiene esa creencia popular de que trabajando nadie se hace rico. Así que es muy raro que se dedique a esa vida laboriosa y sufrida que la ética burguesa asigna al capital. Normalmente prefiere dar el golpe, y lo da constantemente: compra gallinas de los huevos de oro y las despluma rápidamente antes de correr a por la próxima, infla burbujas y se queda con los ahorros de miles de aprendices de especulador, y contrata a los mejores cerebros para que reciclen viejas estafas en forma de nuevos productos financieros.

Los cerebros mediocres que aprendieron el truco de la pirámide sin sacar de él ningún provecho se asombran de que las administraciones públicas no se hayan puesto de acuerdo para hacer con el dinero basura lo que cabe hacer con la basura en general. Más bien, al contrario, lo invitan a casa y hacen enormes fiestas cuando se presenta; y cuando decide irse dejando un rastro catastrófico convocan a la población a apretarse el cinturón para cubrir el pufo. Corrupción, dirán algunos: qué perogrullada. Un dinero cuya única característica tangible es su capacidad de comprarlo todo no puede hacer otra cosa que comprarlo todo.

Externalidad

No se entiende por qué en las escuelas, donde tanta cosa se enseña a los niños, no se enseña qué es una externalidad: sin saber de las externalidades, nadie consigue entender el mundo actual y cuando pueda votar, votará absolutamente desinformado. La externalidad no necesita llevar la basura en el nombre, porque como concepto tiene la forma de la basura, y porque la propia basura es probablemente la externalidad más abundante. Las externalidades son generalmente clasificadas como externalidades negativas cuando una persona o empresa realiza una actividad sin asumir todos sus costos, transfiriéndoselos a otros, preferentemente a la sociedad en general; y como externalidades positivas cuando esa persona o empresa no recibe retribución por algunos de los beneficios que produce.

Las externalidades positivas son diligentemente inventariadas por el *staff* del trabajo basura, que las convierte en buena medida en subsidios públicos, rescates financieros en tiempos de crisis, etc. La creatividad de ese *staff* es considerable y consigue transmutar casi cualquier cosa en externalidad positiva. Así, por ejemplo, no hay actividad, por nefasta que sea, que no pueda justificarse por los puestos de trabajo que genera; incluso en algunos casos en que mantener a todos sus desempleados saldría al fin más barato que mantener la actividad. Las externalidades negativas más vistosas aparecen todos los días en las noticias: sumas monumentales gastadas en descontaminaciones, reparaciones, seguridad, indemnizaciones, sanidad.

El concepto es muy antiguo. En el siglo XVIII ya trataba de él Adam Smith. Milton Friedman, uno de los padres del neoliberalismo, prefirió formularlo como «efecto secundario» o «*spillover*», términos que tienen el encanto del *sfumato*. Las externalidades son capaces de explicar milagros inexplicables: por ejemplo, que lentejas o tornillos producidos a diez mil kilómetros salgan mucho más baratos que los que se hacen ahí al lado. Está claro que la etiqueta no informará sobre lo que cuestan las infraestructuras portuarias, la manutención de la seguridad en los siete mares, la creación de un proletariado miserable en otras tierras y el uso de un combustible barato que a su vez genera otros *spillovers* famosos como el terrorismo y el antiterrorismo globales, por no hablar del aburrido calentamiento global. Todo eso sale del célebre bolsillo del ciudadano en forma de impuestos —que no solo sirven para pagar a funcionarios públicos— y si se hiciese la cuenta puede que el precio de las lentejas de oferta rebasase el del caviar beluga. Hacer la cuenta del *spillover* es difícil, sobre todo cuando no se quiere hacer.

Los ciudadanos ignorantes como el que suscribe pueden asombrarse de que efectos secundarios conocidos desde hace décadas se sigan entendiendo como efectos secundarios, y no como factores primarios de esa misma operación. Pero se trata del mismo proceso por el que no vemos en los inmundos vertederos que se pudren y humean el fundamento de un hogar y una ciudad impecables y flamantes. Tirar la basura a la basura es el secreto del bienestar, y el de la competitividad es disminuir mis números rojos haciendo que los paguen otros, un arte que ha alcanzado altísimas cimas.

Otro intervalo: espejos

No conozco ningún relato detallado de los primeros encuentros de los conquistadores españoles con los antepasados de los guaraníes de Cateura, pero es posible que les ofreciesen espejitos y bonetes rojos. Desde 1492, era ese el presente más socorrido para esas ocasiones.

De los bonetes rojos nadie se acuerda, pero los espejitos han quedado en la historia como una muestra de la inocencia de los unos y del abuso de los otros: espejitos por oro, por subordinación, por tierra; a la larga, por todo. Pero es que juzgamos el pasado con muy mala fe. En el siglo xvi, los espejos mal comenzaban a hacerse comunes en Europa, y pasarían aún tres siglos antes de que dejasen de ser monopolio de los muy ricos. Eran pequeños, imperfectos e inasequibles, hechos de metal bruñido, y solo por aquellos tiempos, con una nueva composición de vidrio y azogue, empezaron a ser más funcionales y, andando el tiempo, más baratos: eran objetos raros, fascinantes. De modo que más que a espejitos de hoy comprados en un bazar de baratillo, los espejitos de 1500 podrían compararse con esos móviles que hoy se reparten en generosos proyectos de inclusión digital.

En el siglo xvi, los espejos iban poblando también el pensamiento. Qué abismo, el espejo. Hoy se hacen experimentos con espejos para probar si los animales tienen, como los humanos, conciencia de sí mismos. Pero ese tipo de conciencia solo se hizo corriente entre los humanos con la popularización del espejo: es una buena prueba de la productividad filosófica de los objetos. La reflexión es un resultado del espejo, y la constancia del sujeto en el pensamiento deriva de largos ratos mirándose en el espejo. Antes de eso solo había Narciso, encantado con su propio reflejo en el agua: pobre Narciso, el agua como espejo deja mucho que desear. La fertilidad conceptual del espejo no se ha agotado aún:

no hace tanto tiempo que se habla de neuronas espejo, y la fase del espejo es una de las piezas clave del psicoanálisis lacaniano.

La basura ha heredado la creatividad intelectual que el espejo tuvo hace quinientos años; puebla el pensamiento como va poblando la tierra y sin eso sería vano hablar de civilizaciones de la basura. Ya lo estamos viendo: basta añadir «basura» a cualquier otro término y mirar alrededor en busca de un nuevo segmento de realidad que responda a ese binomio. A veces el binomio ya está en uso, en una u otra lengua y a veces no lo está, pero hay algo en el mundo que pide a gritos que le pongan ese nombre. Otras veces no hacen falta palabras, y ese reflejo constante de acumular y excluir le da a nuestros actos un inconfundible aroma de Edad de la Basura. La basura es el espejo en que el mundo de hoy se puede mirar cada vez que se interroga por su ser íntimo.

Basura e información

Vivimos en la Edad de la Basura. Ya hubo Edad del Bronce, o del Hierro, o de la Piedra, y siglos de Oro y años de plomo; por supuesto, solo mucho después vino un autor y les dio ese nombre, escogiendo una materia como símbolo de un tiempo. Algunos preferirían decir que vivimos en la Edad del Grafeno, pero si de aquí a un tiempo hay arqueólogos que se interesen por nuestras vidas de hoy, es probable que no se fijen en el grafeno. En lugar de unos cuantos trozos de hierro oxidado o de unos talleres líticos con lascas y bifaces, tendrán un monumental tesoro que excavar: miles de toneladas de desechos, que seguirán ahí mucho después de que nos hayamos ido.

No es seguro que haya arqueólogos por entonces. La arqueología es una creación de la Edad de la Basura, que pese a su nombre es una edad refinada. Esa capacidad que tienen los arqueólogos de extraer una inmensa cantidad de información de cualquier objeto es una novedad de la Edad de la Basura, que acumula saber como ninguna otra y lo hace, entre otras cosas, escarbando en los residuos.

Los museos arqueológicos son los santuarios de la basura de nuestros antepasados, que de hecho era muy poca: allí tenemos las vasijas rotas, los huesecillos del banquete, trozos de tejas, tizones a medio quemar, cenizas, algunos instrumentos herrumbrosos. Hace ya bastantes años, visité una excavación arqueológica en el *sertão* del nordeste del Brasil. Los arqueólogos habían descubierto un coprolito que podía tener, según sus cálculos, unos 30.000 años. Lo guardaban con extremo cuidado en una cámara especial. Un coprolito es un cilindro de excremento fosilizado, humano en este caso. Las informaciones guardadas en él eran muchas: de qué se alimentaba su autor, de qué flora y fauna nos hablaba esa alimentación, qué técnicas habrían sido necesarias para conseguir y preparar esos alimentos, qué enfermedades podían aquejarlo. Los arqueólogos celebraban: «Esto puede cambiar toda la prehistoria de Sudamérica».

En el lugar —un bellísimo lugar al que no he vuelto— se ha creado un museo que no he visitado, y no sé si el coprolito ocupa allí un lugar de honra. Supongo que no: riqueza de información y atractivo visual no siempre van juntos.

Sin más esfuerzo que el de ejercer nuestras funciones naturales, producimos cada día una enorme cantidad de información sobre nosotros mismos y nuestro mundo: si un coprolito contiene todo ese saber, nuestro cubo de la basura valdría, en manos de un especialista, por una enciclopedia.

Basura es saber

Un humorista brasileño, Luis Fernando Verissimo, escribió en tiempos una historia cuyo protagonista se dedicaba a husmear en la vida de sus vecinos, sobre todo en la de una vecina en particular, revisando su bolsa de basura. Envoltorios de bombones, cajas de *pizza*, paquetes vacíos de cigarrillos, compresas usadas, colillas, alguna botella de ginebra barata. De repente, todo cambia: la caja de una bicicleta estática, plásticos de ensalada primavera, bolsas de papel del supermercado naturista, envoltorios de tienda de lencería fina. Y más aún: botellas de champán, caja de la tienda de *delicatessen*, condones usados, más colillas mitad manchadas de carmín, papel de envoltorio de regalo, más compresas, más botellas, más condones; por fin un predictor usado, una última botella, montones de pañuelos de papel, trozos de vajilla rota, hasta un tiesto entero con su orquídea deshecha, fragmentos de fotos rasgadas y a medio quemar, más colillas que nunca. Un melodrama se puede expresar muy bien en sus residuos.

La basura contiene información, mucha. Lo saben todos los detectives y todos los espías, y lo sabe quien no quiere ser espiado. Todos tendríamos un incentivo mucho mayor para tratar y separar nuestras basuras, incluso para tirar mucha menos basura, si supiésemos que el vecino de abajo revisa nuestras bolsas, aunque no sea más que un maníaco inofensivo. La era de la basura ha sido llamada también sociedad de la información: no es incompatible. La que manejamos es lo de menos: no pasa de una muestra ridícula de la que producimos.

Información basura, podríamos llamarla: esa que ni siquiera poseen esos seres metódicos, dispuestos a recopilar todos sus documentos, ordenarlos en carpetas y resumirlos en planillas excel. El uso universal de *smartphones* y tarjetas de crédito la ha ampliado extraordinariamente. Es difícil que nadie se preocupe por ello, porque quien se interesa por esa masa de datos es una entidad anónima, no el maníaco del segundo.

Cuentos de Arabia

Hace unos años, en una universidad inglesa, conocí a dos jóvenes saudíes, Ali y Mohammed, que llevaban allá unos meses perfeccionando el idioma. Ali era un tipo menudo, agraciado, extrovertido, generoso, un poco fanfarrón; siempre dispuesto a echar una mano, a tirarle los tejos a toda mujer que pasase a menos de tres metros y a enseñarle a cualquiera los vídeos hechos en su casa, próxima a Riad, en los que aparecía jugando con su mascota, un guepardo. Ali necesitaba mejorar su inglés para entenderse mejor con los asesores militares norteamericanos: era piloto de bombardero. Mohammed miraba a su compatriota, retoño de una familia de militares, con reticencia: él pertenecía a una familia de comerciantes y era, por lo contrario, reservado, discreto y sesudo. Un día me contó los motivos de sus estudios de inglés: se estaba especializando en ingeniería de *data mining*.

—¿Minería de datos, qué es eso? —le pregunté.

Mohammed empezó a explicarme metódicamente la gigantesca mole de datos que se acumulaban diariamente en los servidores de las administradoras de tarjetas de crédito, tarjetas de fidelidad, compañías aéreas, controles fronterizos, servidores de internet.

—Y bien —le dije—, ¿para qué puede servir realmente todo eso? ¿Encuestas de mercado, *marketing*, publicidad personalizada?

—Sí, claro, ya hace tiempo que se usa para eso. Es lo básico. Pero es solo el comienzo.

—¿Asuntos de seguridad?

—Claro que sí; puede ser muy útil para eso... —puntos suspensivos, el tema del terrorismo era sensible—; pero no solo.

—¿Que más, por ejemplo?

—Investigaciones médicas, epidemiología... se pueden rastrear enfermedades por las alteraciones en el flujo de uso de medicamentos. Tendencias políticas... los *big data* son mucho más de fiar que las encuestas de opinión: qué se lee, qué se compra, qué se mira en internet...

—¿Y qué más?

—No lo sé, miles de cosas... El estudio de *big data* está solo en el comienzo. Las posibilidades son infinitas. Por eso se habla de minería de datos: el material está ahí, solo hace falta saber cómo refinarlo, las aplicaciones irán surgiendo.

Hace unos veinticinco años, un detective me contó que, al servicio de una cliente, había buscado la dirección y el teléfono de un famoso actor de Hollywood: lo encontró en el listín telefónico. Hoy no se encuentra ni la fecha de nacimiento ni el correo institucional de las personas en las bases de datos profesionales, y las leyes de protección de datos nos impiden acceder a informaciones aparentemente triviales. Tendrán sus razones, y deben atender a la demanda de una población cada vez más celosa de su intimidad, que sin embargo gasta con entusiasmo cientos de euros anuales en mantener al día un dispositivo que registra al segundo y al metro qué hace, dónde va, qué compra, qué piensa y con algunas aplicaciones también su frecuencia cardiaca y su presión arterial. Lo registra y lo guarda, con fecha y nombre, en una nube que no se sabe dónde está ni quién controla. Todo político puede ser un peón de la Camorra y todo guardia un cómplice del narco; todo inmigrante un invasor, todo pariente un pedófilo, y el violador tú y tú y tú; pero los dueños de la nube, donde se guarda nuestra vida en detalles que ni nosotros mismos recordamos, son seres puros que no harán mal uso de toda esa información porque sí, y porque hay una ley que lo dice. Se diga lo que se diga, la fe en el prójimo aún existe.

Y además, ¿qué tiene un autor como este que decir sobre lo que hace cada cual con su fuero íntimo? Pero ¿y el fuero íntimo colectivo? La conversación con Mohammed me hizo pensar que, con la ayuda de la minería de datos, nuestra basura se va convirtiendo en nuestro portavoz. No se puede confiar en lo que dicen los políticos, pero tampoco en lo que dicen los electores, ni siquiera en lo que piensan, o en lo que piensan que piensan. Pero esa información basura, todos esos datos excesivos que olvidamos porque para pensar hay que olvidar, porque son demasiados para una memoria humana, guardan más sobre nosotros de lo que nosotros mismos sabemos. Mohammed se ocupa de depurar las pepitas de oro de ese secreto con sus bateas digitales. Quien las compre estará siempre en ventaja en cualquier diálogo con electores o consumidores: estos sabrán que aquel no dice la verdad, aquel sabrá que estos tampoco la dicen, pero además sabrá la verdad que ellos mismos no perciben.

Ya es pena que tan solo podamos votar a los cargos políticos y no a las agencias de *marketing* que los instruyen sobre qué decir; con la minería de datos las agencias podrán por fin prescindir de esos otros títeres, los ciudadanos conscientes, y entenderse directamente con esa mayoría real y silenciosa que se expresa mediante una masa de datos inconscientes.

Ali, el otro estudiante saudita, también tenía ideas, y se las exponía a Miss Clarke, la profesora de conversación:

—Me gusta Inglaterra, pero también me agobia un poco.

—¿De verdad, querido? ¿Y qué es lo que te agobia en Inglaterra?

—Que todo es viejo, todo; demasiado. Las casas, las calles, por ejemplo: es todo muuuy viejo.

—¿Y qué se podría hacer con todo, entonces?

—Demolerlo todo y construirlo moderno. Como en Riad.

Así HABLABA Ali: no totalmente en serio, ni totalmente en broma; en realidad, nunca se debe tomar totalmente en broma lo que dice un piloto de bombardero. No deja de haber un vínculo entre la demolición y el conocimiento. Al menos era eso lo que decía —me lo contaron, quizás pura maledicencia— un famoso arqueólogo español que durante una excavación hizo pasar un buldócer por encima de unos hornos andalusíes: «Así es más fácil trazar el plano». Los escombros y los desechos tienen un tipo de transparencia que las cosas enteras siempre se afanan en disimular.

Ali era un desmentido viviente de la hierática jeta que se le supone a Arabia. Le gustaba mucho enseñar los vídeos de un canal de YouTube llamado *Crazy Arabs*. Allí puede verse, por ejemplo, una rara nevada caída en aquel país que no solemos imaginar nevado: un hombre vestido con una túnica y el *shemagh* saudita se tiraba de cabeza sobre un montón de nieve y quedaba allá erecto, clavado. Otros corrían a toda velocidad en sus coches por una recta interminable: en un momento dado, los pasajeros abrían las puertas en marcha y, agarrados a ellas, ponían los pies en el asfalto, esquiando a cien kilómetros por hora sobre sus babuchas. El país del islamismo conservador es menos conservador de lo que se piensa; de hecho, «conservador» es una palabra muy engañosa; hoy por hoy designa a mucha gente dispuesta a demolerlo todo y a construirlo de nueva planta. Siempre me acuerdo de Ali cuando oigo noticias sobre la guerra de Yemen.

No puede extrañar que los primeros cementerios de monumentos hayan sido creados en países del antiguo bloque socialista. La experiencia del estalinismo enseña que la memoria del pasado es insegura: a cada poco bajan y suben estatuas. Hace muchos años (antes de la caída del Muro) se lo decía un intelectual polaco a un colega brasileño: «En el comunismo es así: sobre el futuro no hay ninguna duda, pero el pasado es siempre imprevisible».

Cementerios de estatuas. Curioso, porque si no me equivoco se suele hablar de cementerio para esos lugares donde se lleva a los seres vivos cuando mueren. Hay cementerios de animales, también. Y sin embargo se habla de cementerios de coches, y en este caso de cementerios de estatuas: el concepto de ser vivo está más en abierto de lo que se piensa.

Pero el caso es que sé por lo menos de uno en Budapest y de otro en Moscú: han recogido las estatuas, o los pedazos de estatua, o los grupos escultóricos, o monumentos enteros que ya no hacían juego con el nuevo ambiente político. Muchos, centenares, porque el régimen socialista era muy dado a la conmemoración.

Me parece una idea muy sabia, que recomiendo de todo corazón en vista de la presente ola de derribo de estatuas. Algún político sensato dijo que el homenaje en el espacio público no puede ser dado a personajes cuyas hazañas parecerían intolerables hoy en día, pero es obvio que ese ajuste de cuentas con el pasado se parece demasiado a un maquillaje y a borrar e ignorar la historia. En algunos casos, el cementerio de estatuas podría dar una solución de compromiso. En el cementerio de estatuas, las estatuas conservan la memoria pero con un bonus: recuerdan también que la memoria cambia. Además, en el cementerio de estatuas siempre habría lugar para las estatuas que sustituyan a las presentes, porque, como sabemos, cuando no hay motivos para derribar una estatua, es porque no se ha buscado bien: que lo diga Mahatma Gandhi, a quien habían erigido un monumento en Ghana sin antes verificar la opinión que tenía de los africanos.

Por muy cementerios que sean, los de estatuas recuerdan por fuerza el concepto de «basurero de la historia», que pertenece al léxico marxista. Creo que lo acuñó Trotsky, en un discurso contra los mencheviques, compañeros de lucha hasta entonces. Este es un matiz importante: aunque tenga sitio para todo el mundo, el basurero de la historia no está pensado en principio para los enemigos, sino para los amigos dudosos, para los indecisos y los ambiguos. Al examigo se aplica sin piedad la lógica de los intersticios, que lo iguala al excremento: el propio Trotsky que lo diga, en este caso. No hay que entender esa basura en sentido moral: personalmente, prefiero a varios habitantes del basurero de la historia a sus victoriosos adversarios. La contribución generosa de los regímenes socialistas al basurero acuñado por Trotsky no tiene que ver con sus cualidades o sus defectos, sino con su hiperproductividad histórica, que en poco más de medio siglo de momentos cruciales y cambios vertiginosos ha conseguido llevarlos de un zar a otro zar o de un emperador a otro.

Utopía basura

La utopía basura es el progreso, esa creencia de que todo lo existente deberá ser tirado a la basura, una y otra vez, en el camino a un futuro indefinidamente mejor. Esa idea se ha impuesto de tal modo que se hace casi imposible percibir hasta qué punto es inverosímil. Describir la historia como un cambio constante no es más fácil ni más difícil que describirla como un orden estable. Pretender que tenga alguna dirección definida requiere un poco más de convicción. Pero persuadir a la humanidad en su conjunto de que esa dirección es deseable al punto de justificar cualquier sacrificio para que la historia ande más rápido, ha sido la mayor hazaña en la historia de la catequización.

No asombra que haya sido una creación de la gente de dinero, ni que esta se haya empeñado en difundirla. Todas las revoluciones que constan en la Edad Moderna las empezó gente sin dinero, reclamando la devolución de derechos, tierras o poderes recientemente arrebatados. Una vuelta a lo que teníamos y nos han quitado, eso significaba «revolución»; y así comenzó incluso la Revolución francesa, contra medidas económicas innovadoras que se parecían como un huevo a otro a las que la gente de dinero impone hoy mismo. Convencer a la plebe de que lo que buscaba se encontraba en el futuro, siempre en el futuro, fue por eso conveniente, y una jugada maestra: desde entonces las revoluciones pasaron a entenderse como medidas para acelerar el progreso, y el progreso se tornó deseable e inevitable en la misma medida. Y dejó de ser una vaga idea de mejora para identificarse muy concretamente con las posibilidades de explotación de una tecnología en manos privadas. Desde que la idea de progreso se instaló, al futuro le pasa como a esos planes de urbanismo de algunas ciudades, que siempre, como por milagro, se extienden por los terrenos que son propiedad de un primo del alcalde.

Fundar la religión del progreso sin que se notase mucho que era una religión costó lo suyo: cuánta predicación, cuántas exposiciones universales, cuántos prodigios de la arquitectura y la ingeniería para manifestar la grandeza de la nueva fe. Pero el esfuerzo valió la pena. Desde entonces, los revolucionarios se vieron moralmente obligados a marchar de la mano de la plutocracia progresista, que daba la otra mano a los conservadores resentidos con los rumbos de esa marcha.

A principios del siglo XIX fueron comunes entre los obreros esos movimientos luditas que destruían las máquinas que amenazaban su subsistencia. Los luditas suelen ser vistos con cierta condescendencia: pobres, no se habían dado cuenta aún de que la técnica no era su enemigo, sino el mejor aliado para superar modos de trabajo duros y penosos. Pero quizás si actuaban así es porque todavía se daban cuenta de que esa técnica no era suya ni se aplicaba en su favor. Poco más de un siglo después, en la undécima de sus tesis *Sobre el concepto de historia*, Walter Benjamin dijo, más o menos, que nada ha corrompido tanto a la clase trabajadora como la idea de nadar a favor de una corriente impulsada por el desarrollo tecnológico. Hablaba en concreto de la clase trabajadora alemana, y lo hacía al final de los años treinta. De esa clase trabajadora como actor político ya no se tienen noticias, pero ha dejado a sus herederos la misma convicción. El colonialismo se vendió como progreso, el nazismo se vendió como progreso, el eugenismo se vendió como progreso y la globalización se vendió como progreso. Y si fuera cierto como dicen algunos que la izquierda política padece una larga y penosa esclerosis, ahí estaría el síntoma más claro: después de todo eso, aún le parece bien hacerse llamar «progresismo».

Innovación basura

Sería conveniente llamar innovación basura a todo aquel avance técnico cuya única ventaja es la de volver inutilizables todos los medios y los conocimientos técnicos de que ya disponemos. Todos los años las grandes marcas de la *high-tech* dan ejemplos señeros de innovación basura al anunciar las novedades de su producto del año: los críticos especializados suelen comentar que las novedades del nuevo producto son poco significativas, confiando en que lo sean las de la próxima cosecha.

La innovación basura salva a la ciudadanía de la estagnación, incentivándola a tirar a la basura todo el patrimonio obsoleto que ha acumulado en torno a los dispositivos obsoletos y a ejercitar su cerebro en el uso de los nuevos.

La innovación basura no solo irrita a nostálgicos y tecnófobos; también a quien preferiría que hubiese tiempo para otras innovaciones que no las que dicta la industria y bosteza con la enésima repetición de la misma letanía en soportes siempre nuevos.

Saber basura

Se dice que eso que llamamos ciencia surgió como un ocio de los privilegiados: hombres libres de la vieja Atenas o aristócratas un poco extravagantes del Renacimiento. O eran ricos o trabajaban para ricos, a los que ofrecían un exquisito bien de consumo: el conocimiento. Hasta hace poco más de siglo y medio, la ciencia era fundamentalmente un lujo, un gasto. Eventualmente los técnicos le encontraban alguna aplicación, y al final las aplicaciones fueron tantas que llegó a pensarse que la ciencia se había inventado para eso.

Para decirlo todo, antes de ser un privilegio de las clases privilegiadas, el conocimiento como bien de consumo fue una característica de la humanidad sin clases. Al menos eso es lo que podría inferirse de la vida que llevan muchos chamanes amazónicos: los antropólogos se han esmerado en buscarle finalidades prácticas a su actividad, desde la medicina a la agronomía —y lo mismo han hecho, a veces con mucho provecho, otros científicos; algunos farmacólogos por ejemplo—. Pero es obvio que si los chamanes pasan años y años aprendiendo y modificando descripciones de un cosmos con docenas de pisos y centenas de razas de espíritus, aprendiendo los cantos necesarios para entenderse con cada una de ellas y viajando a través de sus mundos empíreos y subterráneos es, sobre todo, porque les gusta. La evangelización y el progreso hacen lo posible para que los indios sustituyan esos entretenimientos por actividades útiles —como la cría de ganado para la comida basura— o por un descanso reparador, como ver el partido por la televisión mientras se toman unas cervezas.

En nuestra civilización, la noción del conocimiento como actividad de consumo se ha vuelto despreciable. Cada proyecto de investigación que pida unos euros al Ministerio de Educación y Competitividad (no sé si ha cambiado ya de nombre) tendrá que responder a esa pregunta a la que ni Galileo ni Newton ni Lavoisier ni Darwin ni la propia Curie habrían conseguido responder: para qué va a servir. La noción de investigación de base se hace muy cuesta arriba para los administradores que quieren resultados, y además es engañosa. La investigación de base se acumula sin perspectivas de servir de base a nada, como un lujo caro y prestigioso; quizás no el más caro ni el más prestigioso, pero aun así un derroche monumental que algunos países se permiten y otros no, porque prefieren otro tipo de derroche monumental. El momento en que la utilidad de todo ese esfuerzo se deja ver, si es que llega, no siempre es el más glorioso. El propio Pasteur, inventor de las vacunas,[22] estuvo a un tris de ser también el inventor de la guerra bacteriológica.

Si pasamos al terreno de las humanidades, la situación empeora, porque la aplicación de las humanidades siempre ha sido más incierta. En la antigua Grecia se entendía que eran esenciales para la formación del ciudadano, pero es que ser un ciudadano ya era un privilegio. Más adelante se dijo que lo eran para la formación del mandatario, el príncipe en el léxico de entonces, porque le permitían aprender los trucos de sus antepasados.

---

22 Como se sabe, la primera vacuna fue la de la viruela, una de las más eficaces de la historia, inventada por el inglés Jenner, quien sin embargo no conseguía explicar por qué la vacuna funcionaba. Pasteur fue quien lo consiguió, asunto sobre el cual, y sobre otros, se lee en Latour, B. (2001). *Pasteur: Guerre et paix des microbes.* Paris: La Découverte.

Pero las corrientes democráticas nunca han tenido muy claro qué hacer con ellas. Los estudiantes de humanidades se desesperan por la inutilidad de esa profesión que han elegido, igual que los gestores públicos que discretamente intentan acabar con ellas, unos y otros con el mismo estribillo: para qué sirve saber todo eso. Hacer servir las humanidades para algo que no sea su consumo conspicuo suele llevar por mal camino. La minería de datos es un buen ejemplo de humanidades actualizadas y dotadas de utilidad —para el control y la manipulación—. La otra utilidad consiste en compendiar las humanidades en algún tipo de catecismo sumario que dé respuestas inequívocas para todo y llamar a eso formación de la ciudadanía. La pregunta: «¿Y esto para qué sirve?» siempre consigue, por activa o por pasiva, convertir el saber en saber basura.

Transgresión basura

Desde la época de los impresionistas, la única norma que el arte no ha conseguido o ni siquiera ha intentado transgredir es la del mercado especulativo del arte. Eso representa un grave *impasse* en uno de los ámbitos centrales de nuestra civilización, porque, de siglo y medio acá, la transgresión ha sido el valor más cotizado de ese mercado.

En otras palabras, el incremento de valor de una obra depende de qué autoridades establecidas la hayan considerado en su momento una basura. Manet o Rodin se encontraron con autoridades de ese género: de vez en cuando sus obras no eran admitidas en las exposiciones oficiales y eran considerada chapuzas por los académicos.

El martirio y la gloria del artista transgresor se convirtieron en una historia ejemplar en el siglo xx, un siglo con vocación transgresora, y durante algún tiempo se sucedieron los escándalos en los estrenos y las exposiciones. Pero no tardaron en aparecer las señales de alarma: se rumorea que más de una vez el propio artista o su empresario tuvieron que pagar a una claque que, en lugar de ovacionar, patease y tirase huevos al cuadro o al escenario: hay quien dice que fue eso lo que ocurrió en el estreno de *Un perro andaluz*. La Academia ya se había acostumbrado al régimen de vanguardias.

Durante un breve intervalo, los nazis calificaron como arte degenerado todo aquel que no les pareciese lo bastante patriótico, antes de que la situación volviese a la normalidad transgresora. Pero ochenta años después, el sistema da signos de agotamiento. Cierto que todavía hay cómo escandalizar a alguien, conseguir un cierre gubernativo, una recogida de firmas o incluso algún acto vandálico. Pero solo a costa de un público de palurdos y de fundamentalistas, fuera de las grandes metrópolis. Los verdaderos entendidos miran un fresco del *quattrocento* y una salpicadura de mostaza con la misma ecuanimidad. El escándalo se ha vuelto inasequible, a no ser con un tipo de transgresión degradada que ya no puede basarse en opciones formales y se ve obligada a recurrir a elementos de contenido, por si fuera poco tomados de alguna reserva retrógrada: la mezcla de penes erectos y estampas religiosas es una de las pocas que aún dan resultado. La innovación basura se estableció en el mundo del arte mucho antes de pasar al de la industria y lo ha convertido en una carrera de obstáculos sin meta a la vista.

En una situación en que la única norma firmemente establecida en el mundo del arte es la del mercado del arte, el imperativo transgresor enfrenta una aporía: la única transgresión digna de ese nombre consistiría en un arte incapaz de incrementar su valor de mercado. Supuestamente Banksy intentó algo de ese tipo con una obra que, después de subastada, se autodestruyó. Pero fue un fracaso, porque el cuadro hecho migas pasó a valer más que la obra íntegra. De modo que la transgresión, otrora un impulso que iba de un paradigma artístico viejo a uno nuevo pasando por la situación transitoria de basura, ahora se ve obligada a afincarse en ella definitivamente.

Mierda de artista

Todo el mundo ha oído hablar alguna vez de la más famosa obra del artista conceptual Piero Manzoni: *Mierda de artista*. Le dio la idea su padre, próspero fabricante de latas de conserva y hombre de gustos estéticos anticuados, que para animarlo en su carrera le solía decir: «Ese arte que haces tú es una mierda». Manzoni produjo en 1961 lo que podría llamarse su obra más personal, una reconciliación final entre su propia vocación y la de su padre: noventa latas numeradas conteniendo treinta gramos de lo que dice el título. Su objetivo era demostrar que el arte es un mercado especulativo donde el único valor real es el de la firma, y lo consiguió plenamente. Vendidas inicialmente a peso de oro —literalmente: el precio de venta era el de treinta gramos de oro—, las noventa latas de *Mierda de artista* han aumentado mucho su valor, incluso porque el artista, fallecido en 1963, ya no podría producir otras. La última que fue subastada, en 2016 en Milán, alcanzó el precio de 275.000 euros.

La esencia de las latas de Manzoni sigue manifestando su trascendental ambigüedad. No se sabe qué contienen, y un amigo del artista ha sugerido que son, en realidad, lo que podríamos llamar falsificaciones auténticas: lo que hay dentro de ellas no es mierda, mucho menos de Manzoni. Nadie ha llegado a verificarlo, sobre todo porque se estima que la lata abierta perdería valor. El propietario de una de las latas demandó a un museo que se la había tomado en préstamo para una exposición temporal porque la había mantenido en condiciones inadecuadas, con peligro para la obra.

El tesoro basura

La asociación entre el oro y el excremento es bien conocida por los psicoanalistas, y alguien podría pensar que los profesionales del espíritu tienden a la sobreinterpretación, o se interesan demasiado por los orificios del cuerpo. Pero no es así: esa ecuación campa a sus anchas en refranes, cuentos, fábulas, todas concebidas mucho antes de los surrealistas o de Freud. La mierda que se transforma en oro o viceversa, los pobres que nacerán sin culo cuando la mierda valga dinero, etc. De ahí a llamar «personalidad anal» a esa que está gobernada por la retención de toda y cualquier cosa no había más que un paso. La avaricia es un tipo de estreñimiento y difícilmente se libra de una obsesión por esconder, guardar bajo siete llaves, limpiar bien para no dejar pistas. Cientos de páginas de gusto dudoso pero exquisito se han llenado tratando de esa alternativa entre usar el oro para embadurnar palacios y templos o guardarlo en lingotes sólidos en algún lugar bien escondido bajo tierra. Pero para lo que nos importa aquí basta recordar que la Edad de la Basura surge de esa última opción y que así nos empuja a tratar de la misma manera las cosas más despreciables y las más valiosas: evitando consumirlas.

Es lo que pasa, por ejemplo, con el patrimonio. Tiramos mucho, lo tiramos todo, pero en esa operación hemos desarrollado una capacidad casi patológica de identificar lo insustituible. La obsesión con el patrimonio es un disturbio típico de la civilización de la basura, donde tirar y acumular son siempre acciones preferidas al consumo. En España alcanza altas cotas. Se convierten en escombro barrios enteros, desfigurando las ciudades, para poner en su lugar algo que ya parece escombro desde su concepción; por otro lado, se implantan normas de conservación del patrimonio que le dan a ese tesoro la misma calidad de la basura: la de intocable. Después de muchas fricciones entre ellos, los dos movimientos van llegando a un *modus vivendi* gracias a un reparto del espacio: el tesoro por fuera, la baratija por dentro. Tesoro significa aquí la conservación de la fachada, que es lo que se requiere para darle al patrimonio un lugar en el proceso productivo: es un aliciente para el turismo, ese trajín global en busca de todo aquello que allá en casa ya tiramos a la basura.

El cuerpo basura

Es lo que pasa, también, con el cuerpo. La investigadora colombiana Carolina Portela se ocupaba, hace unos años, de los programas de salud preventiva que el gobierno brasileño destinaba a los indios Kaingang, diezmados —como toda la población indígena— por la diabetes y la hipertensión propias de la dieta civilizada. Parte de esos programas consistía en dinámicas de grupo a las que los Kaingang asistían con característica incomprensión.

> A medida que iban corriendo el tiempo y las preguntas, nuestra dinámica comenzaba a convertirse en una estática. Los «pacientes» levantaban la mano cada vez menos y las caras de aburrimiento y las ganas de salir de la reunión se empezaban a hacer evidentes. Uno de nuestros resignados personajes incluso se durmió y empezó a roncar.
>
> —A ver, Pedro... se nota que estás muy interesado en la conversación ¿no?
>
> —Sí —dice medio dormido—, muy interesante.
>
> De nuevo un estallido de risas y carcajadas se adueña del salón.
>
> —Dinos, Pedro, ¿cuántas veces haces ejercicio a la semana?
>
> —Yo voy a trabajar al huerto casi todos los días.
>
> —Pero no, yo no te estoy preguntando por tu trabajo. Yo ya os dije muchas veces que es necesario que hagan alguna actividad física, deportiva. Que salgan a caminar, por ejemplo...
>
> —¡Ah! —dice doña Margarida—, pero caminar caminamos, o sea, ¿quién puede quedarse quieto todo el día? Yo siempre camino,

voy a casa de mi hermana, y camino hasta la iglesia, mi iglesia es la Asamblea de Dios y yo vivo en Olaria, así que lo que es caminar camino bastante.

—Pero de lo que estoy hablando —aclara la enfermera— es de que debéis dedicar un tiempo para caminar, relajaros, salir con una ropa cómoda para hacer ejercicio...[23]

Los kaingang seguían torpedeando la labor de la enfermera con preguntas capciosas, como la de qué se entiende por ropa cómoda. Los kaingang, una población indígena del sur del Brasil que en un largo proceso civilizatorio ya ha conseguido no parecer indígena —ya en los años treinta o cuarenta del pasado siglo eran presentados como ejemplo del éxito de la aculturación— siguen sin comprender que uno de los máximos logros del progreso sea la posibilidad de excluir el propio cuerpo de las vicisitudes de la existencia hasta convertirlo en una basura inútil.

La rueda

El molino de tracción animal tiene milenios de existencia; que el animal que lo mueve sea el humano es una posibilidad descubierta al mismo tiempo, si no lo fue antes. No siempre la mano de obra humana es más dispendiosa que la del ganado. Esclavos, cautivos o condenados han movido molinos desde hace siglos, tanto como los mulos o bueyes.

Pero hay un tipo de molino que fue inventado exclusivamente para la tracción humana. Se trata de esa rueda o noria sobre eje hori-

---

23 Portela, C. (2010). *Diabetes e hipertensão arterial entre os indígenas kaingang da aldeia sede, terra indígena xapecó (sc): práticas de autoatenção em um contexto de intermedicalidade.* (Dissertação de Mestrado). PPGAS-UFSC, pp. 109-111.

zontal llamada en inglés *treadmill* y que solemos conocer como rueda de hámster. Mucho antes de ser rueda de hámster, tuvo empleos más útiles: muy eficaz y adaptable para pequeños espacios, movía molinos y grúas; ascensores, montacargas o puentes levadizos.

Durante todo el siglo XIX, ese molino se instalaba con frecuencia en las cárceles, sobre todo en Inglaterra, para servir a propósitos a la vez económicos y morales. Con la fuerza de los reclusos, el *treadmill* podía mover molinos o aserraderos que se instalasen en el lugar, pagar los costos de la reclusión e incluso generar buenos dividendos para los carceleros. A la población carcelaria le quedaba el beneficio moral: presos a una barra de sujeción, los condenados, lado a lado, pasaban horas obligados a subir aquella escalera interminable, beneficiándose del efecto regenerador del trabajo. Pero en algún momento las máquinas de vapor empezaron a costarle a los industriales menos que lo que cobraban los administradores de las prisiones, y los molinos penitenciarios se quedaron sin trigo que moler. No se quiso, sin embargo, que se perdiese todo el potencial educativo de la máquina, así que los presos siguieron, hasta inicios del siglo XX, moviendo una rueda que ya no movía nada más.

Es ese, dicen algunos autores, el mismo motivo que ha hecho que, a pesar de un progreso técnico que permitiría hoy en día una jornada de trabajo de dimensiones mínimas, la economía se haya dirigido por el contrario a la multiplicación de los trabajos de mierda de los que antes hablábamos. La ociosidad es un peligro abismal, y por eso los buenos ciudadanos tiemblan cuando alguien habla de renta mínima.

Pero la historia del *treadmill* no paró en ese punto, e inspiró uno de los símbolos de la cultura contemporánea. Fue a partir del viejo modelo penal cuando en los años sesenta se inventó la cinta de correr, que en inglés sigue teniendo el mismo nombre que tenía en la prisión. El *treadmill*, lo mueva un hámster o lo movamos nosotros, es un símbolo redondo de la era.

Esclavos del cuerpo

La jornada de la ciudadanía es agotadora: hay que espabilarse, porque en esta vida no hay nada adquirido para siempre, todo está en juego, cada día hay que reinventarse, cada día es el primero del resto de tu vida y eso exige darse mucha prisa y un esfuerzo continuado de muchas horas. Pero cuando la persona acaba su larga jornada de trabajo y piensa que puede descansar se acuerda de que tiene que ponerse ropa cómoda y sacar su cuerpo a pasear.

El cuerpo se va convirtiendo en un animal de compañía caro de mantener: hay que cuidar de él, es un deber; es una vergüenza tenerlo en malas condiciones. Hay que darle comida saludable, nada de tabaco, bebida ni otros vicios, y mantenerlo en forma pero sin abusos, lo que quiere decir sin explotación. Se pueden y se deben andar o correr kilómetros, subir alturas, levantar pesos y realizar esfuerzos repetitivos, siempre que no se quiera obtener con ello algún beneficio indebido a costa de nuestro cuerpo, o sea, siempre que eso se haga sin más finalidad que el bienestar del cuerpo, preferentemente en un ambiente de pago destinado a ello. La diferencia entre el infame molino de los presidiarios y la saludable cinta de correr es que el primero generaba energía y la segunda la gasta. Parece una excepción a nuestro teorema, porque por una vez se gasta algo solo por gastar. Pero nada de eso: ese gasto se dirige a la conservación de un cuerpo convertido en hipoteca.

Es muy conocida aquella respuesta que un nativo de Nueva Caledonia le dio a Maurice Leenhardt, etnógrafo y misionero. Leenhardt suponía que el cristianismo había revelado a los canacos la existencia del espíritu. «No —le respondió el otro—, del espíritu ya sabíamos. Lo que no sabíamos es que teníamos un cuerpo».[24] Los kaingang de los que acabamos de hablar son cuidadosamente instruidos con respecto al cuerpo y sus derechos. Solo ahora los kaingang que participan en la dinámica educativa dirigida por la paciente enfermera empiezan a darse cuenta de que han pasado décadas conviviendo estrechamente con un desconocido: su cuerpo, un inútil exigente. Hay que dejarse hasta el último suspiro para adquirir todas esas innovaciones que permiten hacer la compra sin ir a la compra o encender los aparatos con comando de voz o de mirada sin que el cuerpo tenga que levantar el mando a distancia exponiéndose a un desgarro muscular. El cuerpo es un lujo que la población de baja renta no debería permitirse, porque exige muchos más cuidados y sale más caro que una segunda residencia. Un incordio que de vez en cuando te da unas alegrías cada vez más raras, y que cuando te hartas de él te mira con cara de inocencia hasta convencerte de que es carne de tu carne; o incluso de que es nada menos que tú mismo.

Un engaño que en muchos casos perdura hasta el fin y solo se revela cuando tú desapareces o, en otras palabras, ya no sabes quién eres ni cómo te llamas ni dónde estás ni quién es esa mujer que asegura ser tu hija y te pregunta si la conoces; y sin embargo, ahí sigue tu cuerpo, tan dependiente como siempre y convertido en heredero universal de todo lo que has conseguido con tanto esfuerzo.

---

24 Leenhardt, M. (1997). *Do kamo. La persona y el mito en el mundo melanesio*. Barcelona: Paidós.

V. El planeta basura y sus gentes

Crónica marciana

Desde hace al menos cincuenta años, el ecologismo ha dado a luz con regularidad una serie de amenazas apocalípticas y las ha puesto a oscilar sobre la cabeza del planeta. Desastre nuclear, agotamiento de las fuentes energéticas, agujero en la capa de ozono, calentamiento global. La diseminación de los microplásticos es por ahora una tímida aspirante a amenaza apocalíptica, la oportunidad que la basura tiene de dejar de ser un problema ético y estético para subir al nivel de las cuestiones relevantes.

Tanto esfuerzo para nada, porque tampoco las amenazas apocalípticas suscitan mucho interés. Una de las razones para ello es un resto de confianza en los dirigentes, de los que se sospecha todo menos que nos estén llevando directamente al abismo, a gran velocidad. ¿Cómo? ¿Cómo podrían ser tan inconscientes? ¿En qué tendrían que estar pensando? A fin de cuentas estamos todos en el mismo barco...

Lo que pueden estar pensando lo expresaba hace unos días un señor de mediana edad y aspecto bonachón, experto en temas económicos, invitado a comentar en un programa de la televisión francesa la crisis económica originada por la COVID-19. El señor criticaba al Gobierno (francés), en el que detectaba poca iniciativa y poca imaginación. Poco después, explicaba en qué consiste esa imaginación que abunda, por el contrario, en China y en los Estados Unidos: la conquista de Marte.

Marte, dicen los científicos, es potencialmente habitable. El proyecto requiere enorme trabajo, investigación, desarrollo técnico y por supuesto inversión pública y privada, pero ofrece una solución a largo plazo para el agotamiento de recursos de la Tierra. Ahí está, enfatizaba el señor, la verdadera ecología: en un desarrollo sin timidez y en la apertura de nuevas fronteras. En los próximos cuatrocientos años, concluía, estaremos tan ocupados en la exploración de Marte como lo estuvimos en los últimos cuatrocientos en la exploración de América.

La idea es intrigante. ¿A qué se refiere, en qué estaremos ocupados exactamente en los próximos cuatrocientos años? Dadas la demografía, la fauna y la flora de Marte, no será en nuevos mestizajes, ni en guerras con pieles rojas, ni en la expansión de la patata, el maíz o el tomate; ni en la del chocolate o el tabaco, ni en la contemplación maravillada de la danza de los colibríes, del revuelo de las mariposas monarca, las nieves del Chimborazo o el infinito dosel verde de las selvas. Lo que queda, así, es la deportación masiva de reos, esclavos o trabajadores endeudados a las factorías marcianas; el régimen de las plantaciones y las minas, las guerras coloniales por el control de los recursos, y una inflación y concentración de capitales sin precedentes. O más bien con un precedente, porque fue en eso y solo en eso en lo que consistió durante esos siglos la exploración de América, si se quita el paisaje.

Al menos es lo que pasa cuando se explotan recursos en lugares a los que solo se puede ir —y de los que solo se puede volver— en las naves de una organización poderosa. Así que las esperanzas del señor bonachón de mediana edad pueden evocar algunos de los episodios más feos de los siglos pretéritos. ¿Mente criminal, desarreglo mental? En Francia, el Gobierno dispone de órganos que vigilan estrechamente las sectas (concretamente las «derivas sectarias»)[25] y lo que se llama «procesos de radicalización»:[26] las

25 Recuperado el 13/08/2020 de https://www.derives-sectes.gouv.fr

26 Recuperado el 13/08/2020 de https://www.legifrance.gouv.fr/affichTex-

ideas y las conductas que se desvíen del sentido común, haciendo temer atentados a la libertad o la integridad de las personas, exponen a su autor a que lo recluyan o lo encaminen a un tratamiento de desradicalización. Eso no pasa en el caso de los proyectos de colonización de Marte, que por el contrario son saludados como un momento glorioso de la iniciativa humana, y cada vez más sostenidos por grandes empresas y Gobiernos.

Para quien no se entusiasme con esas perspectivas, los planes de colonización marciana, planes a largo plazo, sugieren una preocupación más inmediata: no, no podemos confiar en nuestros dirigentes pensando que ellos también viven en el único planeta que tenemos. Puede que sea el único para nosotros, pero ellos piensan que a la larga es uno de tantos. No se puede decir que convertirlo en un vertedero sea el fin del mundo.

En los cinco océanos

Cinco aspirantes a nuevos continentes se pueden encontrar en los océanos; la gran isla de basura del Atlántico Norte, la del Atlántico Sur, la del océano Índico, la del Pacífico Sur y, por fin, la del Pacífico Norte, la mayor de todas, a la que se le calcula una superficie de aproximadamente tres francias, y que está compuesta por mecheros, cepillos de dientes, botellas de agua, bolígrafos, biberones, teléfonos móviles, bolsas de plástico y, sobre todo, una sopa de microplásticos que le da cuerpo al conjunto. Las grandes islas de basura provienen de donde cualquiera puede imaginarse. La del Pacífico Norte es la mayor, porque cuenta con la contribución

---

teArticle.do?idArticle=JORFARTI000036758064&cidTexte=JORFTEXT000036758063&categorieLien=id

de China, Indonesia, Filipinas, Tailandia y Vietnam, que, juntos, echan más plástico al océano que todo el resto de la humanidad. Pero por supuesto cada continente contribuye en la medida de sus posibilidades para alimentar la isla de basura más próxima. Las corrientes marinas forman grandes remolinos oceánicos que concentran la basura llegada desde nuestro patio por ríos y estuarios fluviales, o que es directamente arrojada al mar desde los barcos.

Hablar de aspirantes a continentes es una exageración. Hoy por hoy no se puede hacer pie en esas islas: su densidad varía mucho y en general no son visibles desde el aire ni muchas veces a nivel del mar. La del Atlántico Norte tiene una densidad de doscientos mil objetos por kilómetro cuadrado, lo que no da mucho más de dos objetos en una superficie como la de una cocina. Si nos muestran la imagen de un barco encallado en un mar cuajado de porquería, puede usted quejarse: las islas de basura todavía no han llegado a eso. No hay ningún apocalipsis previsto por causa de las islas de basura: producen alteraciones en ecosistemas marinos y problemas de salud a la fauna del lugar, lo que puede que sea un precio asequible por tener la basura en un lugar distante donde ni se ve ni huele. Si resulta ser verdad que de pez chico a pez grande todo ese plancton ortopédico desmenuzado en partículas va llegando de los siete mares a nuestro estómago, ya habrá tiempo para apurar responsabilidades.

Teorías agoreras y rigor científico

La alerta mundial sobre el uso de pajitas desechables fue lanzada en 2011 por un joven activista, Milo Cress. Joven muy joven: tenía en la época nueve años y, a partir de la producción de la industria de pajitas, calculó que solo en los Estados Unidos, su país, se tiraban a la basura 500 millones de unidades al día, más de una y media por cabeza. A una edad más temprana que la de Greta Thunberg, comenzó su cruzada personal.

Los críticos de Cress no han faltado, por supuesto. Cierto que las pajitas indestructibles navegan por los siete mares y no hacen ningún bien a la salud del pez que se la traga: la pajita sobrevive al pez y al otro pez, y se va degradando muy poco a poco hasta llegar a ese tipo de microplástico listo para consumo humano. Pero ¿qué hacer?, dicen los críticos. No hay alternativas: las pajitas de papel también perjudican el medio ambiente. Las de uso permanente son costosas de higienizar, caras y menos adaptables. Si las pajitas de plástico fuesen prohibidas, eso supondría una dificultad más para la población de baja renta y para los discapacitados a la hora de ingerir su dosis diaria de diabetes. La industria de la pajita no es insensible a las aspiraciones del proletario ni a la inclusión de los excluidos.

Y además, seamos serios: no se puede montar una campaña a partir de datos recopilados de cualquier manera por un niño de nueve años: la estadística es una ciencia seria. Una agencia especializada realizó un estudio sobre el uso de pajitas en los Estados Unidos y mostró que efectivamente los cálculos de Milo Cress estaban equivocados: en los Estados Unidos no se tiran al día 500 millones de pajitas, solamente 390 millones.[27] Eso es una buena muestra de la diferencia que hay entre los catastrofismos diletantes y la apuración rigurosa de la realidad.

---

27 Recuperado el 13/08/2020 de https://en.wikipedia.org/wiki/Drinking_straw

En el fondo del mar

Unos investigadores japoneses han creado una base de datos sobre la basura en mares profundos.[28] Descender a grandes honduras requiere de medios técnicos enormemente costosos, pero eso no es problema para las bolsas o las botellas de plástico, que ya se han detectado muy abajo. El récord, desde octubre de 2018, lo tiene una bolsita de plástico de supermercado encontrada a cerca de once mil metros de profundidad en la Fosa de las Marianas. Muestras de anfípodos recogidas en seis fosas marinas han revelado que todos ellos tenían una dieta basada en parte en microplásticos.

En lo más alto

El basurero de mayor altura de la tierra es el monte Everest, uno de esos lugares adonde los seres humanos corren a cumplir con su tarea más apremiante, la de superar sus propios límites. En otros tiempos, la cima del Everest era alcanzada por audaces aristócratas que se hacían una foto en la cima; o la hacía el *sherpa* que había llegado hasta allí también, cargando con el bagaje del héroe y quizás con el propio héroe. La primera conquista fue en 1953. Desde entonces la lista de récords del Everest se ha ido ampliando. Primera mujer que llegó a la cima, primer hombre que llegó dos veces, primera mujer que llegó dos veces, primer hombre que llegó tres veces... y así hasta las veinticuatro escaladas. Y más récords. Escalador más viejo (ochenta años) y más joven (trece), primer es-

---

28 Recuperado el 13/08/2020 de http://www.godac.jamstec.go.jp/catalog/dsdebris/e/index.html

calador sin una pierna, primera escalada en solitario sin oxígeno, primer par de gemelas, primera pareja de novios que se casó en la cima, primer escalador con un solo brazo, primero sin piernas, primer hemofílico, primera mujer con esclerosis múltiple, primer enfermo de síndrome de Crohn o de cáncer.

La diversidad de límites que hay que superar no conoce límites. Así llegamos a las fotografías de la falda del Everest de 2019, en que una inmensa cola de superadores de límites esperaba su turno para acceder a la cima. A primeros de junio del 2019, acondicionando el terreno para la temporada veraniega, un equipo de limpieza enviado por el Gobierno de Nepal retiró de allí unas once toneladas de basura,[29] incluyendo bombonas de oxígeno vacías, botellas de plástico, latas, pilas, envoltorios de comida, materia fecal y residuos de cocina. También cuatro cadáveres humanos que el hielo ahora derretido había conservado durante mucho tiempo.

La industria de la superación de límites

La superación de límites es un excelente ejemplo del modo en que la sociedad consumista consigue llevar el exceso por el buen camino. Superar un límite, en principio un gasto inútil, habilita al autor de la hazaña a entrar en el mercado de la paradocencia inspiradora. Entiéndase por ello ese ramo de actividad muy bien pagado en que quien ha dado la vuelta al mundo en solitario sobre un velero vuelve a dar la vuelta al mundo, pero esta vez por vía aérea, dando conferencias en empresas, mostrando a ejecutivos o técnicos cómo su hazaña puede enseñarles a ser más eficien-

29 Recuperado el 13/08/2020 de https://www.nationalgeographic.org/article/trash-and-overcrowding-top-world/

tes a la hora de fabricar neumáticos o pantallas planas, de vender inmuebles o seguros. Esa versatilidad supone que, independientemente de su detalle técnico, cualquier tarea en el nuevo mundo empresarial se nutre sobre todo de las fuentes sagradas de ese Yo rompedor de barreras, y que no hay trabajo bien hecho si no se hace sintiendo que se está realizando una gesta prodigiosa.

A pesar de la gran variedad de hazañas que se ponen como ejemplo en el mercado de las conferencias, se echa de menos en él la presencia de recordistas en fugas de la cárcel o asaltos a bancos, a pesar de que esas actividades exigen un alto grado de creatividad, capacidad de reacción en situaciones de estrés, conocimiento de las personas y *networking*. La superación de límites que goza de estima para esos fines es, por el contrario, la que se ejecuta a costa de elementos naturales —cimas altas, mares profundos o condiciones del cuerpo humano—, y eso arroja cierta luz sobre el lugar de la naturaleza en la cosmología del capitalismo: un patrimonio de valor incalculable que debe estar a los pies del sofá en medio del salón.

Más arriba aún

El consultor de la NASA Donald J. Kessler dio su nombre al síndrome de Kessler, una proyección de los daños que puede causar la basura en órbita en torno de la tierra. La basura aeroespacial incluye una gran variedad de detritos: satélites abandonados, cohetes de propulsión usados —así como fragmentos de su desintegración—, líquidos congelados tras la desintegración de naves espaciales, etc. Esa basura crece a medida que viejos satélites en desuso siguen orbitando, abandonados, y chocan entre sí: el impacto los subdivide en muchos pedazos, que en el ambiente extraterrestre corren poco riesgo de degradarse. Seguirán dando vueltas durante unos cuantos siglos y, por pequeño que sea su tamaño, su velocidad es tal que pueden causar serios daños en cualquier otro cuerpo que choque contra ellos. Si ese cuerpo es lo bastante grande o si el choque produce una explosión de importancia que se propague en cadena —algo cada vez más probable debido al aumento constante del número de satélites—, la densidad de basura espacial puede tornar inutilizable la órbita baja de la tierra. Algo que según Kessler acabará ocurriendo de todos modos, porque la fragmentación aumenta exponencialmente.[30]

Kessler elaboró su teoría sin contar con los doce mil satélites que prevé poner en órbita el proyecto de Elon Musk y los tres mil con que contará el de Jeff Bezos. Ambos benefactores de la humanidad intentan con ellos mejorar nuestra experiencia de comunicación.[31]

Los desechos espaciales crean lo que se llama una externalidad, o sea, un costo añadido para el próximo que tenga que poner un satélite en órbita. Es el mismo principio que multiplica la basura aquí abajo: cada vez que se lanza un satélite resulta mucho más asequible hacerlo si no se prevé ningún destino para sus huesos cuando le llegue la hora. Pero eso hace que el costo medio vaya aumentando, porque cada vez es más difícil evitar el impacto con la chatarra espacial. Varias naves espaciales, tripuladas o no, han sido dañadas o destruidas por escombros espaciales, que en una ocasión obligaron a los seis tripulantes de la Estación Espacial Internacional a saltar a dos naves Soyuz que tenían a mano.

La basura es más fácil de tirar que de retirar, y la basura espacial es el caso extremo de ese principio sagrado. Dado el pequeño

---

30 Recuperado el 13/08/2020 de https://es.wikipedia.org/wiki/Basura_espacial y https://es.wikipedia.org/wiki/S%C3%ADndrome_de_Kessler

31 Recuperado el 13/08/2020 de https://brasil.elpais.com/internacional/2020-07-24/os-satelites-de-elon-musk-estragaram-o-ceu.html

tamaño y la velocidad de los fragmentos de basura espacial, la posibilidad de recogerlos es casi nula. Puede que una parte acabe perdiendo velocidad y volviendo a la Tierra, pero eso llevará unos cientos o miles de años. Las previsiones de Kessler han sido tomadas en serio por las agencias aeroespaciales, que empiezan a exigir que los nuevos lanzamientos vayan provistos de un dispositivo que los devuelva a nuestro planeta una vez acabada su función, o los lleve a una órbita más lejana —la «órbita cementerio», que podríamos llamar también órbita-vertedero—. Los expertos entienden, con todo, que eso no pasará de ser una solución temporal.

Lejos de todo

En la isla de Rapa Nui, más conocida como Isla de Pascua, se juntan cada día diez toneladas de basura, doce en los meses de verano, cuando hay más turistas. Estos suman unos 95.000 al año, contra una población local de 6.500.[32] La isla, hoy por hoy, se dedica fundamentalmente al turismo, y prácticamente todo lo que allí se consume viene del continente. Las corrientes marinas arrastran hasta el litoral de la isla basura de todo el hemisferio y de la «isla de plástico» del Pacífico Sur. Solo el 20 % de los residuos se recicla, lo que es comprensible porque las plantas recicladoras quedan muy lejos, como poco a los 3.700 kilómetros de la tierra firme más próxima. Además, están dispuestas a reciclar latitas o botellas, pero no quieren saber nada de basuras no rentables. Todas las novelas y las películas que tratan de la Isla de Pascua inciden en el mismo tema: en esa sensación angustiosa de vivir

32 Recuperado el 13/08/2020 de https://gestoresderesiduos.org/noticias/isla-de-pascua-se-hunde-en-toneladas-de-basura

en un espacio limitado, demasiado lejos de cualquier otro. Hay esa tierra y cuando se acabe se acabó, hay esos árboles y cuando se acaben no habrá más, el agua dulce es la que hay y el océano inmenso de agua que rodea el territorio no se puede beber. Los noai son melancólicos y agoreros. Ahora, esas angustias tienen un nuevo formato: no hay cómo deshacerse de los desechos, aunque el momento en que el vertedero de la isla rebase los límites de la isla entera esté aún muy lejos.[33]

La basura de las guerras

Decir que las guerras producen una cantidad colosal de basura sería decir muy poco: en realidad, convierten países enteros en basura. Eso incluye a su población, sus edificios y sus instituciones, y todas las relaciones que lo componen. A poco eficaz que sea la guerra, todo debe ser barrido para que la vida pueda continuar, incluyendo la memoria de lo que hubo.

Pero si nos limitamos a un concepto más convencional de basura, el vertedero de la guerra sigue siendo gigantesco. No hay números en ese campo en que las estadísticas ya tienen bastante con contar muertos y desplazados. Pero sabemos, por ejemplo, que si en conjunto las guerras de Afganistán e Irak han causado al Ejército americano aproximadamente cincuenta mil bajas, contando muertos y heridos,[34] hay actualmente unos once mil veteranos que han presentado queja por enfermedades crónicas y problemas

---

33 Recuperado el 13/08/2020 de https://sostenibilidad.semana.com/medio-ambiente/articulo/isla-de-pascua-y-su-batalla-con-la-basura/36039

34 Recuperado el 13/08/2020 de https://fr.wikipedia.org/wiki/Pertes_humaines_américaines_lors_des_guerres_impliquant_les_États-Unis

respiratorios provocados por los humos de combustión de los más de 270 incineradores a cielo abierto que ardían día y noche en los campamentos militares durante esos conflictos. Esa quema de basura al aire libre está prohibida en los Estados Unidos desde la década de los setenta, pero la guerra es la guerra. Según los veteranos, allí ardía todo, de plásticos a frigoríficos, y algún que otro miembro humano.[35]

Buenas maneras

> Una permanencia de uno o dos millones de años sobre esta tierra... que de todas maneras tendrá fin, no podría servir de excusa a ninguna especie, así fuese la nuestra, para apropiársela como una cosa y conducirse hacia ella sin pudor ni discreción.[36]

Claude Lévi-Strauss, un antropólogo que dejó este mundo en el 2009, poco antes de cumplir 101 años, opinaba que el problema ecológico reside en la falta de buenos modales llevada a la dimensión planetaria. Aludir a la falta de buenos modales para explicar cualquier problema viene a ser hoy una futilidad que merece misericordiosas lágrimas de risa, sea cual sea el problema. Los buenos modales huelen a lujo clasista. Pero el hombre decía eso al final de un grueso volumen sobre mitos indígenas americanos —o sea, de esas sociedades sin clases ni manuales de buena educación—, que hablaban de las muchas precauciones que hay que tomar para no incomodar a un universo susceptible. Cito de nuevo:

---

35 Recuperado de https://www.nbcbayarea.com/news/local/burn-pits/7979/

36 Lévi-Strauss, C. (2012). *El origen de las maneras de mesa. Mitológicas III*. México: Siglo XXI, p. 444.

> Podrían multiplicarse estos ejemplos, que atestiguan la completa inversión de los motivos que los pueblos llamados primitivos y nosotros mismos invocamos en apoyo de las buenas maneras. Pues llevamos sombrero para protegernos de la lluvia, del frío o del calor; utilizamos el tenedor en la mesa y nos ponemos guantes al salir para no ensuciarnos los dedos; bebemos por una paja para protegernos de lo fresco de la bebida; y consumimos conservas para evitarnos la molestia práctica, o protegernos del peligro teórico, que se vinculan a la crudeza y a la corrupción. Pero sombreros, guantes, tenedores, tubos para beber y conservas constituyen siempre en otras sociedades barreras que se oponen a una infección emanada del cuerpo mismo de quien los utiliza. En lugar de proteger, como pensamos nosotros, la pureza interna del sujeto contra la impureza externa de los seres y las cosas, las buenas maneras sirven, entre los salvajes, para proteger la pureza de los seres y las cosas contra la impureza del sujeto.[37]

En las entrevistas concedidas a lo largo de sus últimos veinte años, a Lévi-Strauss se le veía impaciente: la vida se le iba haciendo demasiado larga, y ya no se sentía a gusto en medio de una humanidad que había saltado de poco más de billón y medio de habitantes en sus años mozos a casi siete en su vejez. Y en 1968, cuando ese texto fue escrito, todavía le faltaba por ver la multiplicación descartable de guantes, tenedores, pajitas, latas y hasta sombreros.

Si los indios usan palitos o pajitas o sombreros para no contaminar el mundo y nosotros nos los ponemos para que el mundo no nos contamine, ahí se ve una buena razón para que hayamos ganado la guerra nosotros, y no ellos, que murieron como moscas mucho más gracias a nuestros virus que a nuestras armas. Con los buenos modales, como se sabe, no se va lejos. Vaya si el mundo es una fuente de contaminación: al volver de la calle, desinfecte las suelas de los zapatos con una solución clorada, quítese la ropa con unos guantes de plástico, lávela a sesenta grados, envuelva sus

37 *Ibid.*, p. 444.

guantes en una bolsa de plástico, precíntela, tírela a la bolsa de la basura, cierre, lávese las manos, séquese con toalla de papel, métala en una bolsa, tírela a la basura, póngase otros guantes, cierre la bolsa, llévela al contenedor. Ya no vivimos en la Edad Media y nada nos obliga a morir como moscas en pro de los buenos modales.

El único problema consiste en que tirar la basura a la basura no es mucho más que ponerla al otro lado de una raya que se ha trazado en el suelo. Idealmente, desaparece: se recicla, se quema, se entierra. Pero la realidad también carece de buenos modales.

Las guerras de la basura

A la basura que tiramos a la basura puede esperarle aún un largo camino. Con un poco de suerte, nuestro pañuelo de papel o nuestra jeringuilla desechable conocerá más mundo que nosotros mismos. Buena parte de los mercantes que atraviesan los mares van repletos de basura. Basura ha sido la carga de vuelta más abundante de los navíos procedentes de China, que hasta el 2018 se interesó por la basura europea como fuente de materias primas, pero también porque hacer desaparecer la basura podía pagarse bien, y a las compañías europeas de gestión de residuos les traía más cuenta mandar su mercancía a la otra punta del mundo que ocuparse de ella de acuerdo con las aburridas normas comunitarias.

Desde que el Gobierno chino entendió que la basura de producción propia ya era más que suficiente y cortó la importación de basura ajena, las compañías intermediarias han encontrado mejor acogida en Malasia, Vietnam, Tailandia y Filipinas. Allí la basura entra en principio como material para reciclaje, un precioso salvoconducto.

Pero el reciclaje no va muy lejos, porque las compañías europeas ya se cuidan de extraer los materiales verdaderamente valiosos, mandando rumbo al oriente lo que sobra, la basura de la basura. Milagros de la economía global de escala: enviar un piano o una caja de libros a Manila puede tener un precio disuasorio, pero mandar un carguero entero lleno de detritos es más barato que tratarlos en casa. Y aun así, sigue siendo un negocio también para los filipinos, al menos para los que trabajen en ese ramo y vivan lejos de los vertederos, las incineradoras o el mar, donde acaba todo. O, mejor aún, lejos del sudeste asiático en general, agraciado con la tasa de residuo yacente, flotante y volante más alta del universo. A ello ayudan negocios ilegales, legislación confusa y fiscalización precaria, un conjunto conocido también como economía emergente.

La ministra malaya de Medio Ambiente, Yeo Bee Yin, aseguraba que se habían encontrado varios contenedores de contrabando procedentes de diferentes países, entre ellos veinticuatro españoles, e informó de que las más de 3.000 toneladas de tesoros serían enviadas a los países de origen. España es el noveno exportador mundial de desechos, desperdicios y recortes plásticos.[38] Rodrigo Duterte, ya famoso por su política de acabar a tiros con el tráfico de drogas, o más bien con sus expendedores al detall, declaró en el 2016 «la guerra de la basura» a Canadá, amenazando con devolver a sus costas sesenta y nueve contenedores de basura que habían migrado a Filipinas con papeles fraudulentos. Todo acabó bien, porque las guerras de la basura siempre pueden convertirse en pacíficos tratados de comercio de la basura, que regulan un servicio de valor creciente. Puede que las mismas autoridades que ya han cubierto las costas españolas de hormigón, que han dinamizado nuestra economía con el turismo de borrachera y que estuvieron a punto de conseguir una reproducción de Las Vegas en plena meseta (Las Vegas ostenta el mayor vertedero de basura

---

38 Recuperado el 13/08/2020 de https://www.eulixe.com/articulo/actualidad/guerra-secreta-basura-mundo/20190703020049015410.html

del mundo, el Apex Regional, de 890 hectáreas, que duplica con creces el de Shanghái, que le sigue) se decidan por fin a dar un futuro más próspero a nuestros hijos haciendo de España el país líder en la importación de basura del golfo de Tonkín.

Plastisfera

La basura no es en sí suciedad; pero es una especie de levadura o de promotor inmobiliario de todas las contaminaciones. Crea arquitecturas que las cobijan y les permiten multiplicarse, arrecifes coralinos de la mugre. También le han dado una casa flotante: los especialistas han acuñado el término de «plastisfera» para referirse a nuevos ecosistemas que se han desarrollado sobre los residuos plásticos. Por no absorber el agua, los plásticos son una base más favorable para el desarrollo de biopelículas sobre las que se instala una animada microflorifauna, con miembros tan famosos como el vibrión del cólera. Navegando sobre esos navíos improvisados, mil y un bichitos con ganas de nuevos horizontes pueden llegar mucho más lejos de lo que llegarían a nado.

Higiene

Como podemos ver en algunas instrucciones que se nos dan para protegernos de la contaminación por el coronavirus —el rito de vuelta a casa descrito hace poco está sacado de una de ellas—, la percepción del peligro no depende solo de este, sino también de los medios disponibles para evitarlo. Si puedo adoptar en mi casa las mismas medidas sanitarias de una UCI, ¿qué dejadez, qué imprudencia me haría limitarme a las medidas de un hogar corriente? La basura viene a ser como aquella milicia contratada para exterminar a los saqueadores que, cumplida o no su función inicial, comienza a su vez a saquear. Pueden venir planes de tratamiento y limitación de residuos, que se van a encontrar por un lado con una potente industria y por el otro con la reticencia de los ciudadanos, que no quieren volver a la Edad Media. Para dos millones de años que va a pasar aquí, la sufrida humanidad no va a estar atendiendo a los caprichos de Su Excelencia la Tierra, que quiere que la traten con pudor y discreción.

Espíritus de respeto

Lévi-Strauss era, según declaraciones propias, un descendiente directo (intelectualmente, se entiende) de Rousseau, y sus juicios severos sobre la civilización occidental siempre son sospechosos de buensalvajismo. Despreciar el buensalvajismo da un toque de distinción al sentido común; el buensalvajismo es la acepción exótica del buenismo, y reírse de esas historias de indios honrados y liberales que hablan con los pájaros y abrazan al hermano oso y a la hermana pantera es una prueba de que se tiene mundo y no se cae en ilusiones fáciles.

De hecho, las cosas allá en la selva no son tan risueñas. En una tesis de doctorado en cuyo tribunal participé a primeros de abril de este año 2020 (participación telemática, por supuesto, ya estábamos en pleno confinamiento) encontré este fragmento que reproduzco a continuación (la traducción es mía). La autora conversa con un indio baniwa, del Alto Río Negro, en el noroeste de la Amazonia. Le pregunta por los cantos chamánicos, cuya función es proteger a los baniwa de los *yoopinai*, que son, para entendernos, los espíritus de los diversos seres. Porque los baniwa vienen a ser eso que alguien llamó «animistas»: miran a su alrededor y ven por todas partes seres activos, con sus propias intenciones y sus propias ideas, ese tipo de cosmovisión fantástica con la que no se sabe cómo alguien puede sobrevivir en este mundo inmisericorde. Esto es lo que respondía aquel señor baniwa, dos o tres años antes del confinamiento:

> Los *yoopinai* son más o menos como los virus. Son los virus de los peces, los virus de los animales de la selva, los virus de los árboles, los virus del suelo, los virus del agua. Todo lo que existe en el mundo tiene su virus. Eso es más o menos lo que estoy tratando de explicarte. Son como virus porque no podemos verlos, son invisibles. Es como la gripe: ¿podemos verla? No. Solo la vemos cuando una persona se enferma, luego otra, y así sucesivamente. No podemos ver la causa de la enfermedad, solo vemos los síntomas. Los *yoopinai* son lo mismo. Si no has sido bendecido [por encantamientos] y caminas [fuera de la aldea] serás visible para él, y se te aparecerá como persona. Si estás bien, él no será visible para ti y tú tampoco. [...] Son los enemigos de los seres humanos. [...] Estos son los encantamientos que nos hacen invisibles a los yoopinai. Si no pueden vernos, no podrán atacarnos.[39]

Esas cosas tiene el lenguaje. Si se dice *yoopinai*, parece un cuento de hadas, pero basta con cambiar *yoopinai* por «virus» para que lo dicho sea muy parecido a lo que auguran muchos científicos sobre nuestro futuro a corto y medio plazo. A saber, que hay muchos, muchísimos virus, cada animal tiene uno, más de uno, incluso miles: pero solo son visibles cuando empiezan a matar gente. Y esto ocurre cuando las personas se les hacen visible, o sea, cuando las personas se hacen notar con su habitual falta de pudor y discreción; cuando van por el mundo como una banda de atracadores invadiendo un laboratorio cuyos secretos no conocen,

---

39 Estorniolo, M. (2020). *Manger (avec) l'ennemi. Mythe, subsistance et alimentation chez les Baniwa et les Koripako (Amazonie, Brésil)*. (Tesis de doctorado). Paris: EHESS, p. 131.

abriendo todos los cajones en busca de un botín, rompiendo los matraces y husmeando en los recipientes sellados.

Mejor no hacerse ilusiones, porque es fácil matar al animal pero al *yoopinai*, no. El *yoopinai* come gente, y hay tantos y tan variados *yoopinai* que nosotros, pobre especie única e irrepetible, tenemos todas las de perder. En realidad no es tan difícil evitarlo, basta con hacer eso que por lo visto es imposible: nada. Dejar quietas las selvas, no zascandilear por ellas más de lo necesario, no ir a matar animales, tampoco abrazarlos, dejarlos follar en paz. No son hermanos, no: son enemigos, y con los enemigos es mejor llevarse poco. La dichosa sabiduría ecológica de los indios consiste en su conciencia trágica: los humanos no son los jefes de estrategia de inversión del universo, ni sus hijos únicos; de modo que el pudor y la discreción no son una concesión hecha a pobres animales inocentes, sino una prudencia elemental. Los baniwa, como vemos, son gente atrasada. Por mucho que en su mayoría se hayan convertido hace mucho tiempo al cristianismo evangélico, siguen mirando con recelo a los *yoopinai*; así que los misioneros tienen que seguir en el tajo, convenciéndolos de que los *yoopinai* no existen y de que todas esas reticencias son rémoras para su desarrollo.

Iniciativa privada

La basura tiene también sus *yoopinai*, que pueden dejarse ver en formas más o menos humanas. Como cuenta Roberto Saviano en su difundidísimo libro *Gomorra*, la gestión de detritos es uno de los ramos de actividad más significativos, junto con la droga y la alta costura, del crimen organizado en la región de Nápoles. La basura italiana —desde la basura doméstica común hasta residuos industriales muy tóxicos— tiene por delante dos caminos: uno lleva a centrales de tratamiento de alta tecnología en Alemania; lo mejor en su género, y lo más caro. El otro, mucho más barato, es posible gracias a la Camorra. Especialistas a comisión de ese *holding* al que no se puede negar vigor empresarial recorren la campiña de Campania en busca de cavidades donde acumular a buen precio los detritos. Cavernas, antiguas bodegas, canteras abandonadas... hay miles de huecos que es posible llenar de basura, cambiando una nada, un vacío, por una buena cantidad de dinero. Mayor cuanto más tóxico sea lo que se esconde: a fin de cuentas, no es razonable buscar a la Camorra para librarse de peladuras de patatas o pañales sucios. Al lado y encima de esos depósitos clandestinos sigue germinando una agricultura enriquecida con nutrientes inéditos. La basura, así, puede seguir incentivando indefinidamente el impulso económico que la creó: ríos de basura para allá, ríos de dinero para acá. Inversión, no gasto.

Pequeños infiernos

Los vertederos tienen la mala costumbre de arder. Lo hacen sin ayuda de nadie, por el contacto del calor generado por la descomposición con el oxígeno. En los vertederos subdesarrollados, donde no hay bastantes excavadoras y apisonadoras para compactar la basura debajo de una capa de materia inerte, ese contacto ocurre jovialmente a la luz del día, produciendo abundantes emisiones de monóxido de carbono y ácido sulfhídrico (ese que huele a huevos podridos), además de dioxinas, famosas por sus virtudes cancerígenas.

En la capital de la República Dominicana, en esa isla de Santo Domingo que fue primer bastión de la civilización del Nuevo Mundo, los incendios en los vertederos vienen a ser un episodio tan común como las inundaciones de la Piazza San Marco de Venecia: no dan tan buenas fotografías, incluso porque su efecto más llamativo es una niebla gris que desciende poco a poco en forma de rocío seco y fétido, dañando mucosas y pulmones. En el mes de mayo de 2020, los ciudadanos discutían si el incremento de muertes se debía a la COVID-19 o a los incendios en los vertederos de Duquesa, Rafey, Moca, Castillo y Haina.[40] La cuestión estaba clara, al menos en el caso de los niños pequeños, sobre todo recién nacidos, por los que el virus no se interesa pero las partículas del incendio, sí. El confinamiento y el uso de mascarillas se hacen obligatorios en ocasiones como estas, con el añadido de que en el caso de los incendios se recomienda también cerrar totalmente las ventanas.

Los incendios son constantes también en el vertedero de Ghazipur, en Nueva Delhi, que debería haber sido abandonado, según su proyecto inicial, a principios de este siglo. Eso no ha sido posible, como no lo es en general: los vertederos son instituciones de enorme solidez. No hay donde poner la basura producida por la capital de la India, que es mucha. Pero parece que la mayor preocupación de las autoridades indias se centra en un detalle patrimonial: es posible que la pirámide de basura de Ghazipur, con sus fuegos sagrados en el mal sentido de la palabra, sobrepase en altura, ya en este año, a los minaretes del Taj Mahal y se acabe convirtiendo (es una sugerencia desinteresada) en un centro de interés turístico-monumental. Por ahora, con sus cerca de treinta hectáreas, el vertedero ya ocupa un área que duplica la del famoso mausoleo.

Hay que decir que los fuegos fatuos de los vertederos no son privilegio del tercer mundo: por muy bien comprimidas que estén, las masas colosales de basura comprimida se cuartean de vez en

---

40 Recuperados el 13/08/2020 de https://www.elcaribe.com.do/2020/05/04/el-humo-de-duquesa-lo-que-esta-es-matando-a-la-gente/#, de https://www.diariolibre.com/actualidad/politica/los-incendios-de-vertederos-se-usan-como-armas-de-campana-politica-MH18795696 y de https://www.efe.com/efe/america/sociedad/se-expande-el-fuego-desatado-en-principal-vertedero-de-santo-domingo/20000013-4236688#

cuando y pueden derrumbarse sobre los trabajadores, como ocurrió en Zaldibar al inicio de este año de gracia,[41] y por las grietas puede colarse el oxígeno necesario para la combustión. En los vertederos pobres el incendio comienza en superficie y se va haciendo cada vez más profundo, y en los ricos comienza ya muy abajo y durante semanas o meses se propaga, porque apagar incendios a esa profundidad es muy difícil y extraordinariamente caro, y abrir el terreno para facilitar la tarea supone entre otras cosas avivarlo y multiplicar sus emisiones. Usar agua no se recomienda, a no ser que se pueda hacer en circuito cerrado, porque esta puede arrastrar muy lejos la polución. El medio más recomendado para evitar esas situaciones es el de instalar centrales de extracción de gas, que reduzcan el material combustible, y tapar todas las entradas (y salidas) de aire existentes. Eso sigue siendo muy caro. En 2010, un fuego latente a unos 45 metros de profundidad fue deducido a partir de la temperatura que se registraba en los pozos de extracción de gas del vertedero de West Lake, en Misuri; ese tipo de fuegos suele durar años y como sus efectos o emisiones no son apenas perceptibles no inquietan mucho. El de West Lake lo hizo porque se sabía que a trescientos metros de la zona hay, desde los años setenta, un depósito de material radiactivo, dejado allí por una de las sucesivas concesionarias del vertedero. Con todo, las autoridades han concluido, que, incluso si el fuego alcanzase los depósitos radiactivos, el riesgo es bajo, y que las emisiones cancerígenas siguen dentro de lo tolerable. Los negocios inmobiliarios en la región de West Lake no atraviesan, sin embargo, su mejor momento.

---

41 Recuperado el 13/08/2020 de https://www.moncloa.com/unidas-podemos-quiere-esclarecer-excesivo-aumento-incendios-vertederos-plantas-residuos/

Responsabilidades

Como vivimos en democracia, todas esas situaciones desagradables se solucionan con la apuración de responsabilidades. Es decir, no se solucionan, pero al menos así se hace justicia. Es decir, tampoco es que se haga justicia, porque los procesos son largos y complejos y los responsables no son irresponsables al punto de no procurarse buenos abogados: pero al menos así todo adquiere sentido y los desafueros cometidos en la administración de los residuos pueden pasar a formar parte de las campañas electorales. Es decir, no es que ocupen una parte muy importante, quién se va a ocupar de la basura en ese momento en que tantos asuntos esenciales de nuestra vida están en juego.

Un escritor decía ayer en una radio francesa que el pecado y la culpa no estaban incorporados a su vocabulario. Creía, eso sí, en la responsabilidad. La responsabilidad ha sucedido a la culpa y al pecado en un mundo que ha prescindido de la idea de Dios. Cierto que sigue habiendo muchos creyentes: pero incluso ellos, cuando entablan un proceso contra alguien, le exigen el pago de las responsabilidades, y no una penitencia con ropas de saco y ceniza en la cabeza. Una racionalización muy de agradecer que sin embargo ha acabado por heredar el peso teológico del que supuestamente nos libraba: la responsabilidad de una producción colosal de basura se reparte cuidadosamente entre un cierto número de gestores de la basura, de los que se espera eficacia, economía y respeto a los protocolos. Según las doctrinas que han sucedido a la Biblia, nada de malo ocurrirá si se actúa de acuerdo con ese decálogo, lo que hace de los gestores pequeños dioses burocráticos sin fuero privilegiado. Dependiendo de cómo funcione la justicia, eso los convierte antes o después en canallas irresponsables o en chivos expiatorios.

Generosidad involuntaria

Hace unos años, una cadena norteamericana de supermercados lanzó un nuevo producto: frutas frescas peladas envasadas en plástico y poliestireno. Naranjas y mandarinas, aunque en otros lugares también se hayan vendido así los plátanos. La idea tuvo una acogida muy crítica por parte de fanáticos del medio ambiente, apegados a soluciones primitivas, que estimaban que la cáscara es un medio de conservación mucho más efectivo y que el trabajo de pelar una mandarina no mata a nadie.

Mientras se disculpaba y prometía retirar el producto, la empresa, que hasta entonces no sabía que estaba cumpliendo una misión solidaria, recibió el apoyo inesperado de personas discapacitadas —no consta el tipo de discapacidad—, que vinieron a público calificando las críticas como una reacción precipitada de gente orgullosa de sus plenas capacidades. Gente sobrada que no percibe la necesidad de ese tipo de producto para los ciudadanos con necesidades especiales: ya hemos visto ese mismo argumento en el caso de las pajitas. «La cuestión incómoda que proponen esos productos —dice mi fuente norteamericana— es si el acceso de las personas discapacitadas a los alimentos frescos puede o no reconciliarse con el respeto al medio ambiente».

La basura no se puede entender si no se tiene en cuenta que los basureros están llenos de propósitos nobles. La basura está indisolublemente ligada a todos los avances democráticos de nuestra civilización: es a costa de producir toda esa basura que se puede disponer de alimentos baratos, venidos de donde sea y conservados largo tiempo en envases desechables e imperecederos; y gracias a ella la esperanza de vida se ha hecho mucho más larga, como decía el señor Green; y produciendo mucha basura se facilita enormemente el cuidado de quienes no pueden o ya no pueden valerse por sí mismos, y también es a costa de mucha basura que se reducen las tareas del hogar posibilitando los progresos de la igualdad y un acceso universal al mercado de trabajo. No necesariamente al trabajo en sí, ni menos aún a un trabajo bien pagado, pero no se puede tener todo a la vez. Así, no es extraño que las diatribas contra la basura suelan venir de estetas bien alimentados y con todos los problemas resueltos que no se sabe a qué le tuercen más la nariz, si a la basura o a las bendiciones que el pueblo llano ha obtenido a costa de ella.

Cierto es que habría otros modos de obtener esas cosas de otra manera, ¡siempre hay otra manera! Pero son todas maneras muy arduas, y podríamos llegar al final de nuestros dos millones de años esperando que la igualdad y el bienestar se alcancen mediante repartos más equilibrados de los bienes y las tareas. La civilización de la basura es una vía más pragmática, para ahora mismo. Los privilegiados que se opondrían ferozmente a otras utopías ponen las manos en la masa para realizar esta, y así llegamos a ese milagro casi inexplicable de que cuanto más progresa la causa de la igualdad en la Tierra, mayor se hace la diferencia entre las mayores rentas del planeta y cualquier otra renta.

A la basura no se le reconocen sus méritos. Para desazón de los ecologistas de izquierdas —y al sur del Rin parece ser que todos los ecologistas lo son—, la ecología, a poco que se le tire de la lengua, suena elitista. Es algo de lo que se han dado cuenta los populismos de derechas, que invariablemente convocan a las masas —con mucho éxito— contra cualquier veleidad de tratar la Tierra con pudor y discreción. Esos son lujos con los que no cabe soñar mientras haya un ser humano que pase hambre o que no tenga atendidas sus necesidades básicas: quién es capaz de oponerse a una idea tan noble. La basura es el precio que hay que pagar por poner a la humanidad en primer lugar.

En otro párrafo del texto antes citado, Lévi-Strauss daba más detalles de su manual de buenas maneras:

> un humanismo bien ordenado no comienza por uno mismo, sino que coloca el mundo antes que la vida, la vida antes que el hombre, el respeto a los demás antes que el amor propio.[42]

Lévi-Strauss deseaba salvar el humanismo, reconciliándolo con ese planeta del que los humanos son inquilinos temporales. Se entiende: el humanismo tiene una buena imagen, la mejor posible; es casi un sinónimo de amplitud de miras, tolerancia, moderación, cultura, libros, bellas estatuas e intenciones más bellas aún. Solo se habla de humanismo —suena un poco antiguo, quizás aburrido, pero suena bien de todos modos— para elogiar o para instigar a la benevolencia, para oponerse a ideas exclusivistas, fanáticas o totalitarias. Cuando se descubre que un pretendido humanista ha perpetrado algún desaguisado se entiende que lo ha hecho porque su humanismo era de fachada, no porque su humanismo le llevase a ello. Esa buena fama está tan arraigada en las conciencias que no deja ver que si el humanismo es un modo de superar los exclusivismos estrechos es porque crea un exclusivismo de dimensiones globales: el de la humanidad, dispuesta a crecer, multiplicarse, llenar la Tierra y moverse por ella como en tierra conquistada. El humanismo bien ordenado que propone Lévi-Strauss no es, en definitiva, un humanismo, y los no-humanismos no tienen buena acogida entre hombres de buena voluntad.

42 Lévi-Strauss, C., *op. cit.*, p. 440.

Las inclinaciones democráticas del humanismo son recientes: en inicio, el humanismo fue una corriente elitista que, en el mejor de los casos, miraba al pueblo llano con condescendencia. Mucho antes de que viniese a significar lo que significa hoy, «pandemia» era una figura alegórica que representaba los peligros de la multitud, de la acción unánime. Humanistas tempranos distinguían entre la Venus Urania, el deseo que lleva al conocimiento y la elevación, y la Venus Pandemia, el deseo común y corriente, masivo. Pandemia se independizó de Venus más tarde, y en algunos grabados del siglo xvi aparece como una mujer un poco alocada que lleva en una mano el corazón y en la otra el cuerno de la abundancia, mientras hace bailar el globo terráqueo sobre su cabeza como un buen ronaldo: suele ir corriendo detrás del Dinero, y la acompañan el Hurto y la Estupidez. Los humanistas veían en Pandemia los peligros de la masa marchando por un mismo camino, persiguiendo los mismos objetivos o queriendo escapar por la misma puerta de socorro. Pandemia era una de las figuras invocadas cuando se hablaba de la primera burbuja especulativa de la historia, la famosa fiebre de los tulipanes en Holanda, que ocurrió cuando el precio de algunos bulbos de tulipán —flor de moda— llegaron, antes de que la burbuja se pinchase, a valer lo que una propiedad agrícola entera con su ganado.[43] La Pandemia de los humanistas no está, en realidad, tan lejos de la pandemia de los infectólogos: esta tiene su terreno abonado en una humanidad ultracomunicada por los mismos flujos, los mismos principios y las mismas aspiraciones. Y el humanismo no ha sido ajeno a esa tarea de convertir el planeta en un monocultivo.

---

43 Un resumen de todo ello se puede encontrar en el libro de Schama antes citado.

El humanismo y los límites

La buena voluntad del humanismo tiene un límite trágico, y es que tiene un límite. A fuerza de no tener ojos más que para la humanidad, siempre lo traza de un modo en que, invariablemente, muchos humanos se quedan fuera de ellos. La basura no existe sin que alguna parte de la humanidad sea identificada con ella. Los yaquis de Sonora cuentan que cuando Dios creó al primer yaqui le hizo saber que tenía un hermano gemelo que no conocía. El yaqui quiso saber quién era. «Mejor no —le dijo Dios—, seguro que acabas arrepintiéndote». Pero el yaqui no cejaba, insistía, y Dios le dijo: «Bien, pues entonces coge un puñado de basura de ese rincón». El yaqui lo hizo, y el puñado de basura se convirtió en un mexicano, que apareció gritando: «¡Chingada!», y le atacó, y desde entonces el yaqui se arrepiente de haber conocido a su hermano. A los yaquis criados lejos de Sonora, entre los mexicanos, los llaman *yori sancora*, yori basura.[44]

Los *yori sancora* son, casi siempre, más ricos que los yori sin adjetivos. Pero eso es raro: normalmente, la proliferación de la basura significa también la proliferación de gente que vive de ella, con ella y en ella, que huele como ella y, comprensiblemente, es confundida con ella. No es de hoy que ese asunto trae de cabeza a los humanistas.

---

44 Padilla Ramos, R. (2018). *Los irredentos parias. Los yaquis, Madero y Pino Suárez en la elecciones de Yucatán, 1911*. México: INAH.

Charles Fourier, infatigable imaginador de una sociedad ideal, estimaba que la armonía entre los seres humanos era posible en un mundo en el que cada cual pudiese seguir sus instintos. No hay instinto que carezca de utilidad, y en cada oficio puede encontrarse una especie de lujuria; la naturaleza ha ordenado el mundo tejiendo una compleja armonía de los deseos, y para que la humanidad sea feliz basta apenas con que sepa darles rienda suelta en vez de contrariarlos. Con esa convicción, Fourier enfrentaba a quien le preguntaba quién se encargaría, en su sociedad ideal sin coerción y sin clases, de ejecutar esos trabajos que todo el mundo sabe necesarios pero que «por exceso de repugnancia, obligarían a restablecer clases de asalariados y de gentes desdeñadas», o sea, el de cuidar de la basura, que en sus tiempos era, en su mayor parte, pura mierda.

Sin inmutarse, el visionario de Besançon respondía que los candidatos no faltarían: serían los niños. O en particular, esos niños y niñas —no son todos ni todas— que disfrutan de la suciedad, a los que solo con mucho esfuerzo se les enseña a apartarse de ella. En la vida del falansterio —la comunidad utópica—, esos niños estarían organizados en lo que él llama «pequeñas hordas», llevarían trajes a su gusto, bárbaros y extravagantes, y tendrían un lugar de privilegio en todas las obras públicas y los desfiles; nada podría iniciarse sin su presencia, y tendrían precedencia sobre todas las demás corporaciones:

> estas distinciones tienen por objeto utilizar su inclinación a las funciones inmundas. Por medio de los humos de la vanagloria, que no cuestan nada, hay que apasionarlos por esos trabajos, crearles en ellos una carrera de gloria; para ello se favorecen sus gustos de orgullo, de impudicia y de insubordinación.[45]

---

45 Fourier, C. *Le nouveau monde industriel*, pp. 206-212, como se cita en

Fourier fue un pensador inclasificable: toda la cortante lucidez que ponía en el análisis de la sociedad burguesa de su tiempo se convertía, cuando proyectaba su sociedad futura, en una explosión psicodélica de fiestas, orgías sin pecado, guerras de pastelillos, olimpiadas del deseo. Sus proyectos fueron esbozados en libros que imprimió a su costa y que repartía entre potenciales mecenas, todos los cuales, personas de bien, pensaban que Fourier estaba mal de la cabeza.

Ni siquiera los antropólogos se han parado a considerar sus libros que, bien mirado, proponen un mundo parecido al de esas sociedades salvajes que han descrito con tanta fruición. La propia idea de que los obreros de la suciedad tengan un lugar de honra al inicio de cualquier ceremonia recuerda a un precepto infalible de las religiones afrobrasileñas: ninguna ceremonia puede iniciarse sin sacrificar al dios de lo impuro.

Cenicienta

Pero las utopías tienen la manía de realizarse de una manera torcida y perversa. Hoy mismo, buena parte de esa población que busca su sustento en los vertederos es mano de obra infantil; ya lo era claro, en la época de Fourier.

Hay un personaje que simboliza esa conexión entre la infancia miserable y la basura, o lo que fue hasta hace unas décadas la basura doméstica más común, casi única: la ceniza. Cenicienta es una huérfana en casa de su madrastra: una de las formas más antiguas de esclavitud, muy corriente en la vida real. La noción de

---

VV. AA. (1973). *Aproximación al pensamiento de Fourier*. Madrid: Miguel Castellote Editor, pp. 77-83.

«criada» nunca aludió a una relación contractual. Cenicienta no es una hacendosa y bella joven en edad de merecer, sino una pobre criatura pisoteada e inmunda que mal ha salido de la niñez. Lo que pasa después —hada madrina, calabazas que se convierten en carrozas, baile, zapatito y príncipe— ha permitido que ese cuento sea enviado una y otra vez, como todos los cuentos de hadas, al basurero de la historia, como un relato engañoso y alienante, y el «complejo de Cenicienta» ha dado nombre, gracias a la autora del *best seller* de ese título,[46] al «miedo de las mujeres a la independencia», a su «eterna esperanza de ser cuidadas por alguien». Un buen ejemplo de moralización secundaria, un producto ejemplar de esa literatura de autoestímulo en que la clase media dramatiza sus problemas a costa de las vidas miserables de otros.

Los cuentos de hadas llevan décadas sirviendo para ejercer la crítica social sin peligro de desgarros cerebrales. Pero basta leerlos sin prejuicios —preferentemente en alguna versión previa a Disney— para darse cuenta de que son puro realismo sucio. Esclavitud, abandono, masacre, incesto, secuestro, exilio, miseria. Y ninguna varita mágica ni casa de caramelo ni caballo alado ni urna de cristal que aparece en ellos exige la credulidad que sus críticos dedican al catecismo laico del momento.

Jerarquías

Los niños estaban en el último escalón de la abigarrada economía del desecho del Londres de mediados del siglo XIX, conocida por las novelas de Dickens. Este se inspiró, en particular, en los repor-

46 Dowling, C. (2014). *Complejo de Cenicienta. El miedo de las mujeres a la independencia*. Barcelona: Ed. Debolsillo.

tajes de Henry Mayhew, que más tarde se publicaron como libro.[47] Se puede tener una idea de dónde quedaba ese último escalón sabiendo que los recogedores de caca de perro figuraban en su cúspide, casi rozando el estatuto de los cazadores de ratas y de los recogedores de estiércol equino. Estos podían considerarse buenos burgueses y empresarios. Los segundos, porque el volumen del estiércol de caballo era gigantesco, requería grandes medios para su transporte y rendía enormes lucros como abono; los primeros, porque siempre se sospechaba que criaban ellos mismos las ratas que supuestamente cazaban, lo que los situaba en el dominio de la inversión. Los recogedores de caca de perro solían ser adultos ya de cierta edad y obtenían lucros razonables: el excremento canino era muy apreciado en las curtidurías por su alto tenor alcalino. Antes de llegar a ese nivel, a los niños les quedaban tareas como las del *mud-lark*, especializado en buscar chatarra en el fango del Támesis, o el *crossing-sweeper*, que ganaba propinas a base de ir barriendo las calles inmundas delante de las personas de bien que tenían que hacer un trayecto a pie. Sus sucesores directos, que siguen siendo menores, son esos limpiadores de parabrisas que asedian a los automovilistas en los atascos de los países emergentes. Esos atascos donde puede comprobarse que hoy como ayer el coche no es un medio de transporte, sino un medio de aislamiento.

El panorama descrito por Mayhew ilustra bien lo que ha cambiado y lo que nunca cambia en ese ramo. A mediados del siglo XIX y en la que era por entonces la mayor ciudad del mundo, la basura pertenecía casi en su totalidad al antiguo régimen de la basura: putrefacción casi en estado puro. La basura no orgánica existía en proporciones aún tan modestas que debía ser buscada de casa en casa o en el lodo del río.

---

47 Recuperado el 13/08/2020 de http://sarkoups.free.fr/mayhew1851.pdf

El proceso por el que Londres pasó de eso a una higiénica ciudad de finanzas y turismo lo puede contemplar cualquiera con sus propios ojos paseando —no siempre es recomendable— por las capitales del globo emergente, de Lagos a Calcuta a São Paulo. Aún se puede encontrar por ahí un mundo parecido al de Mayhew, contemplar cómo se va refinando hasta acceder, por fin, al rango de ciudad limpia —o sea, capaz de enviar su basura lo bastante lejos—.

Pero hay algunas diferencias: la cantidad de residuos en principio reciclables se ha incrementado colosalmente y se necesita una enorme fuerza de transporte para llevarlos adonde no los vea nadie. Y eso tiene esa ventaja higiénica complementaria que consiste en fijar a los vertederos a esa legión de recogedores que antes se desperdigaba por toda la ciudad, ofreciendo un lamentable espectáculo. Los barrios basura con su población dependiente del desecho existen en buena parte de las ciudades del planeta. Como la industria de la limpieza de imagen —o de marca— corre más deprisa que la de la limpieza propiamente dicha, las ciudades se esfuerzan a veces, más que en eliminar la basura —esto viene a ser imposible, ya sabemos—, en eliminar esos barrios o en eliminar a su población.

Gente basura

Según una interpretación pesimista, es lo que pasa por ejemplo en El Cairo, donde los habitantes del vertedero son cristianos coptos pobres. Se les llama «zabbaleen», lo que hoy en día se traduce por «recogedores de basura» aunque en árabe egipcio la palabra signifique más bien algo así como «gente basura». Desde los años cuarenta, cuando emigraron hacia la capital desde regiones rurales al sur del país, los zabbaleen fueron encontrando un nicho económico en la recogida de desperdicios de puerta a puerta, y el hecho de ser cristianos —o más bien de no ser musulmanes— ha estado siempre muy ligado a su actividad, porque la parte orgánica de esa basura servía de alimento a sus cerdos; casi toda, antes de que la diversificación de la basura haya dado lugar también al reciclaje. Viven concentrados en el barrio de Mokattam, ahora conocido como «Ciudad de la Basura», un conjunto de colinas de cuyas canteras salieron las piedras para construir templos y pirámides: en cavernas excavadas en la roca han construido varias iglesias, entre ellas la mayor de Oriente Medio. Junto a la Ciudad de la Basura se encuentra también la catedral de San Simón el Curtidor, y no se puede olvidar que las curtidurías han sido, durante milenios, el núcleo hediondo de las ciudades, donde las pieles de animales se trataban con la ayuda de excreciones de uno u otro valor químico. Si el plano de una ciudad indica algo sobre el destino de sus habitantes, el de los zabbaleen está sobredeterminado. A su lado se encuentra también la Ciudad de los Muertos, la mayor necrópolis de El Cairo.

Los cerca de 50.000 zabbaleen forman la mayor comunidad cristiana de Egipto: no son del agrado de los Hermanos Musulmanes, y tampoco del Gobierno, que los ve como una ralea de costumbres poco higiénicas. En el 2008, todos sus cerdos fueron sacrificados por las autoridades, a causa —o bajo pretexto, se quejan los zabbaleen— de la epidemia de gripe porcina, y poco más tarde la recogida de basuras fue adjudicada a varias empresas internacionales —alguna española, entre ellas—. Los planes oficiales respecto de la gente basura prevén sacarlos de Mokattam y reubicarlos en un lugar más higiénico, veinticinco kilómetros más allá, en el desierto. Mientras tanto, las empresas contratadas, a pesar de las sumas faraónicas que reciben, recogen poco más de la cuarta parte de lo que recogían sus antecesores pobres, y a falta de cerdos las basuras se amontonan y se pudren en las calles de El Cairo.[48]

48 Recuperado el 13/08/2020 de https://journals.sagepub.com/doi/abs/10.1177/095624780501700212

Un hermoso resplandor azul

La vida del excavador de basuras es peligrosa. En 1987, unos chatarreros de la ciudad brasileña de Goiânia encontraron en un edificio en ruinas una máquina abandonada, que desmontaron para vender las piezas de plomo y otros materiales. Entre ellos había una cápsula de la que, en la oscuridad, emanaba una maravillosa luz azul. Cuando alguien consiguió abrirla, el polvo del que la luz brotaba, algo menos de cien gramos brillantes, se fue distribuyendo entre la vecindad: un hombre se pintó una cruz en el abdomen con él, se esparció por el suelo que quedó pareciendo un cielo estrellado, una niña de seis años se lo frotó en las manos mientras comía, el chatarrero pensó en fabricar un anillo para su esposa. Era cesio-137, una sustancia radiactiva; la cápsula formaba parte del equipo de una clínica de radioterapia que alguien olvidó llevarse del lugar cuando la clínica fue cerrada. Cuatro personas murieron en los días siguientes; y la quinta —el chatarrero, víctima más de la depresión que de la radiación—, unos años después. Más de doscientas personas se vieron afectadas por el cesio, y la limpieza exigió una gran operación que derribó casas, arrancó enlucidos y capas de suelo, conllevó la recogida de la orina de los afectados durante un largo período y la clausura de trece toneladas de materiales diversos en un gran cofre de hormigón. El proceso para aclarar las responsabilidades pertinentes acabó trece años después, remitiendo los daños al erario público.

Plaza de la Apoteosis

La Plaza de la Apoteosis es el espacio donde desemboca el sambódromo de Río de Janeiro, escenario de los desfiles de las escuelas de samba en el carnaval. Una de las primeras inspiraciones de este libro viene de bastante lejos, del Carnaval de Río de 1989.

La idea que el público europeo se hace del carnaval, o en particular del desfile de las escuelas de samba, es la de una fiesta muy corporal sin rastros de pedantería letrada. Pero el caso es que este no solo forma parte del desfile de las escuelas, sino que forma parte obligatoria, al menos desde que durante el mandato de Getúlio Vargas se impuso al carnaval una finalidad educativa. O sea, todo desfile de carnaval tiene, en la letra de la samba y en sus «fantasías» (disfraces) y «alegorías» un propósito didáctico, escolar incluso, que la mayoría de las veces resulta, digamos, en una cultura de juegos florales. Casi nunca falta una referencia al antiguo Egipto: «Ya en el antiguo Egipto...» (ponga usted lo que corresponda, según el enredo trate de la historia del perfume, de la igualdad de género, o del monoteísmo). El desfile de cada escuela cuenta con un «carnavalesco», el equivalente de un director de cine o de teatro, que coordina a la infinidad de artistas y figurantes y que en general desarrolla también la tesis del «enredo» —o sea, su argumento ideológico-iconológico—.

Quizás no haya habido carnavalesco más comentado que Joãosinho Trinta, que a finales de los años ochenta se ocupaba de los desfiles de la escuela Beija-Flor de Nilópolis. Inmigrante pobre venido de uno de los estados más miserables de Brasil —Maranhão, en el norte—, Joãosinho Trinta se buscó la vida en Río como bailarín y vigilante, hasta que finalmente consiguió un empleo como carnavalesco de la Escola de Samba Salgueiro. Después pasó a la Beija-Flor y se hizo famoso por llevar a la exasperación el brillo fastuoso y ficticio de los desfiles: más purpurina, más lentejuelas, más plumas de marabú que ningún otro. El estilo joaosinho-trinta era visto con cierto desdén por la intelectualidad del carnaval, a la que entusiasmó por el contrario el desfile —de hecho, bellísimo— de la Escola Vila Isabel de 1988, en el centenario de la abolición de la esclavitud. Rompiendo con la tradición de la lentejuela, los isabelinos lanzaron una estética africanista a base de paja trenzada y conchas de caurí. Joãosinho Trinta asistió al triunfo de los competidores con una ceja levantada. A fin de cuentas ya lo había dicho varias veces: «Al pueblo le gusta el lujo: es a los intelectuales a los que les gusta la miseria».

Y sin embargo, el episodio le tocó una fibra sensible, porque en 1989 salió al sambódromo con un desfile nunca visto, con el título «Ratas y buitres, no toquéis mi fantasía». El desfile era una escalofriante exhibición del eterno barroquismo del carnaval, pero hecho esta vez con los materiales del vertedero, de ese vertedero en que no pocos miembros de la escuela de samba buscan su sustento precisamente entre buitres y ratas.[49] Bolsas negras, trozos de poliestireno, envases plásticos. «Vamos a mostrar en la Avenida la opulencia de los restos», dijo el creador.

Todo contribuyó a convertir aquello en un desfile inolvidable. La palabra que designa la basura en portugués es *lixo*, a una vocal de diferencia de *luxo*, su supuesto contrario. El arzobispo de Río de Janeiro, un reaccionario de una coherencia previsible, maniobró para conseguir que se prohibiese la imagen del Cristo Redentor del Corcovado, que debía abrir el desfile transfigurado en mendigo harapiento. Joãosinho Trinta lo hizo cubrir con una enorme bolsa negra de basura y preceder por una pancarta que decía: «Incluso prohibido, ruega por nosotros». El carnaval de la basura no ganó. Se quedó segundo —el peor resultado, según una

49 Recuperado el 13/08/2020 de https://www1.folha.uol.com.br/cotidiano/2019/03/1989-o-ano-em-que-o-lixo-venceu-o-luxo-mas-nao-levou.shtml

arraigada tradición brasileña de mal perder—, detrás de «Libertad, libertad, abre tus alas sobre nosotros», con la que otra escuela celebró de forma muy convencional otro centenario, el de la república brasileña. Pero fue el vencedor intelectual. Durante años, esa imagen del subproletariado brasileño emergiendo de la montaña de detritos, y el binomio *luxo/lixo*, la conexión íntima entre la riqueza ostentosa y la miseria, se mantuvo en la conciencia de todos. Eran años de profunda crisis, que hoy en día sería fácil recordar como un período brillante. Porque treinta años después, un país que en el intervalo se enriqueció y permitió el acceso de mucha más gente a las bendiciones del consumismo ya no meditaba y cantaba sobre la basura: la producía en cantidades mucho mayores y la amontonaba en el centro de su vida pública.

Los basureros

Trabajan casi siempre de noche. Casi nadie se fija en ellos. En países donde la recogida de basuras no se encuentra tan mecanizada como en las calles europeas, es común que hagan alarde de fuerza, agilidad, coordinación, que se permitan algún malabarismo, alguna acrobacia, crear cierta coreografía con sus pasos como si dijesen a quien quiera oírlo: «Esto, señores, es un arte». No ganan más por eso, y deberían: ese exceso circense es lo único que por un momento supera la enorme melancolía de la basura.

Mucho antes de la ocurrencia de Joãosinho Trinta, el equipo de barrenderos que pasaba siempre por el sambódromo al final del desfile de cada escuela solía trabajar al ritmo de la batería; alguno de ellos ejecutaba unos pasos en torno a su escobón. Con tanta inspiración, a veces, que el público se levantaba en una ovación, las cámaras se fijaban en ese bailarín postrero y este festejaba su momento de gloria.

La escena recuerda, sin querer, el mundo imaginado por Fourier: los jóvenes ministros de las inmundicias cubiertos de galas y glorias, a la cabeza de todos los trabajadores manuales, celebrados por lo que hacen, privilegiados por el valor de sus brazos. De Fourier para acá las utopías se han dado la vuelta y se han vuelto académicas; la única dignificación que se imagina para los que trabajan con sus brazos es la de un diploma que les permita hacerlo sentados ante una pantalla.

VI. Diógenes

Una historia muy común

Casi todo el mundo ha conocido de cerca alguna historia de este tipo. Nadie sabía el nombre del vecino del tercero: los buzones de correos ya no dan esa información; y el vecino del tercero, menos aún. No participaba en reuniones, no hablaba con nadie, no se le conocía móvil, ya estaba allí cuando el resto de los vecinos llegaron: un ciudadano obsoleto. Nadie había entrado en su piso, del que salía siempre un tufillo desagradable. A la vuelta de las vacaciones de un verano tórrido —cuál no lo es—, el tufillo se había convertido en hedor. Después de acechar un tiempo la ocasión en que el vecino sin nombre se dejase ver, alguien se armó de coraje y se atrevió a tocar el timbre, sin resultados. Cuando finalmente se llamó a la policía, y esta llegó con un cerrajero para abrir la puerta, se encontró con un panorama aterrador: dentro, la basura se acumulaba a gran altura, en todos y cada uno de sus metros cuadrados. En algunos puntos llegaba hasta el techo. Papeles, botellas de plástico, muebles viejos, vidrios y latas de conserva, trapos, muñecas rotas, electrodomésticos fuera de uso, oxidados; tres bicicletas cayéndose a pedazos, libros, discos, bolsas de basura llenas, cerradas o medio abiertas, o rotas; legiones de cucarachas, ratas, y en medio de todo ello el cadáver deteriorado del dueño de la vivienda.

Las variaciones son muchas: suelen ser hombres, pero no falta alguna mujer; viejos en general, pero los hay jóvenes. Siempre se piensa en un anciano astroso, descuidado, que anda sin afeitar, las uñas largas y sucias: pero no, hay otros que se visten y asean correctamente y que, sin embargo, un poco a escondidas, van llenando su piso de trastos que encuentran en la basura ajena. Los hay especializados en algún tipo de objetos, otros acumulan indiscriminadamente: en algún caso, el amontonamiento de basura es tan formidable que el habitante debe excavar túneles en su interior y sujetarlos como se hacía con el techo de las minas, para poder pasar de un lado a otro de la vivienda. Los hay que padecen algún tipo de desarreglo psíquico de la vieja escuela: esquizofrénicos o depresivos. Hay otros que simplemente padecen del síndrome de Diógenes, un trastorno de conducta catalogado como tal en 1975. Los diógenes son los héroes de la civilización de la basura. Los vecinos que tienen que vivir en sus proximidades no tendrán tan buena opinión, pero seamos justos: convivir con héroes siempre es un problema.

Diógenes de Sinope

Cuentan que Diógenes de Sinope, Diógenes el Cínico, no llevaba consigo más que un bastón, un manto, un zurrón y un cuenco de madera para beber agua —una colodra, dice mi traducción—. La colodra la tiró cuando viendo un muchacho que bebía en el cuenco de las manos, se dio cuenta de que podía hacer lo mismo. Más de uno se pregunta cómo se puede haber dado su nombre al síndrome de los acumuladores. Veamos una explicación que se puede encontrar en internet:

> Su nombre [el del síndrome] alude a Diógenes de Sinope, filósofo griego que promulgó hasta el extremo la independencia de las necesidades materiales y los ideales de privación; tal es así que llegó a dormir en un tonel y a vagabundear provisto solo de una capa y un zurrón. Esta denominación, fue, por lo tanto, adoptada porque Diógenes portaba consigo lo estrictamente necesario, coincidiendo con la conciencia de las personas que sufren este síndrome, ya que

creen que todo lo que guardan es o será necesario en algún momento de la vida.[50]

Convengamos en que la explicación es demasiado tortuosa. A la hora de dar nombres a los síndromes —la tarea no es trivial, porque los síndromes se multiplican— los psicoentendidos toman decisiones extrañas: tienden al deslizamiento lateral, apuntando a un personaje que apenas tiene una relación tangencial con eso que acabará designando. Ya hemos hablado antes del síndrome de Cenicienta, pero también Sigmund Freud, hombre de vasta cultura, le dio a su complejo de Edipo el nombre del héroe menos edípico de la tragedia griega. Un tipo duro, Edipo de Tebas, un sobreviviente audaz, decidido y nada apegado al hogar materno. Ni Cenicienta, ni Edipo ni Diógenes son arquetipos psicológicos de los síndromes; les dan nombre más bien por un dato anecdótico, incluso fortuito. Quizás ese deslizamiento lateral tenga que ver con otro síndrome no declarado que padecen psicólogos y psiquiatras: las conductas individuales que tienen que rectificar responden cabalmente a un cuadro social enfermo que ni se puede ni se quiere rectificar. Los nombres de los síndromes son como esos tiros que salen desviados porque se miraba un blanco mientras se apuntaba a otro.

Más que un filósofo en el sentido habitual del término, Diógenes el griego fue un *personaje*. A su modo, es sorprendentemente actual. No hace mucho apareció en internet un meme que clasificaba a unos quince o veinte filósofos en una escala de más a menos punk: Kant quedaba en el extremo de lo absolutamente no-punk, Hegel avanzaba muy ligeramente hacia lo punk, y Nietzsche era por supuesto muy punk. Pero Diógenes se salía de la escala, era lo más allá del punk, rebasaba el punk. Parece que

---

50 Recuperado el 13/08/2020 de https://www.iberianpress.es/noticia/porque-se-llama-sindrome-de-diogenes-a-la-acumulacion-de-basura/23484

escribió libros, pero no quedó nada de ellos; lo que sabemos de él cabe más bien en una serie de memes. Quizás la culpa sea de otro Diógenes, Diógenes Laercio, un escribidor tardío cuya *Vida de los Filósofos* es la principal fuente de que dispone la posteridad para conocer la vida de todo ese gremio helénico. En su mayor parte, consiste en un anecdotario pintoresco.[51]

Pero lo que hacía Diógenes se adecuaba muy bien a ese género: *performances* filosóficas. Desde recorrer Atenas de día con un candil encendido buscando a un hombre cabal a dormir en el famoso tonel de Diógenes, que no era un tonel, sino una gran cántara de cerámica. O responderle al emperador Alejandro —que había ido a conocer al famoso sabio y le preguntó si deseaba algo— que sí, que por favor se quitase de en medio porque le estaba tapando el sol. El mundo de la Grecia posclásica era muy posmoderno, y Diógenes, que no inventó la filosofía cínica, le proporcionó un icono duradero y ayudó a transformarla en un modo de vida. Había muchos filósofos o aspirantes a filósofos, lumpensadores que iban predicando de mercado en mercado o buscaban en el puerto a extranjeros ricos a quienes dar lecciones o llevar a sus antiguos maestros a cambio de una comisión. Como las diferencias entre las escuelas de pensamiento se habían ido borrando, la cínica acabó por ser una especie de identidad genérica, y se hablaba de cínicos —caninos— un poco como hoy se habla de perroflautas; los perros siempre andan cerca. Pero el tono de los cínicos tenía una agresividad que los perroflautas no muestran. El helenista belga Marcel Detienne hizo una cartografía de los alternativos de la Grecia tardía, de los desengañados de las normas ética y estética de la ciudad antigua que escapaban de ella, digamos, por encima —como los pitagóricos y los órficos, gente apartada y sublime— o

---

51 Laercio, D. (1887). *Vidas, opiniones y sentencias de los filósofos más ilustres*. Traducción de José Ortiz y Sanz. Madrid: Luis Navarro.

por debajo —como los dionisíacos (ocultas orgías de tenor impreciso)— o, en fin, de los cínicos, los más acres y más visibles,[52] que denunciaban el gasto idiota en funerales cuando sería tan más natural comerse a los fallecidos o echárselos a los perros. Era lo que Diógenes sugería que se hiciese con su propio cadáver: según los relatos que sintetiza su tocayo Laercio, murió intoxicado por comer un pie de buey crudo, o conteniendo la respiración, o por la mordedura infectada de un perro.

Fastoso

Encabezando el prólogo del extenso libro que Peter Sloterdijk dedicó a la *Crítica de la razón cínica,* hay un fragmento tomado de Hegel en el que el filósofo alemán mostraba que, sin ser muy punk, era perspicaz:

> Todo el modo de vida cínico que Diógenes adoptó no era ni más ni menos que un producto de la vida social ateniense, y lo que lo determinó fue esa forma de pensar contra la cual toda su actitud protestaba. Por lo tanto, no era independiente de las condiciones sociales sino simplemente de su resultado; fue en sí mismo un grosero producto del lujo.[53]

Y sí: Diógenes era hijo de banquero, un banquero que tuvo problemas porque adulteraba las monedas de plata. Su hijo continuó por un tiempo el oficio y las destrezas de su padre, antes

52 Detienne, M (1977). *Dionysos mis à mort.* Paris: Gallimard, p. 139.

53 Andreas Huyssen —que a su vez toma la cita de la *Filosofía del Derecho,* de Hegel—, como se cita en el prólogo de Sloterdijk, P. (1987). *Critic of Cynical Reason.* University of Minnesota Press.

de renunciar a las vanidades del mundo. Así que, deslizamiento por deslizamiento, habría sido más atinado llamar síndrome de Diógenes al de esos sujetos que amasan inmensas fortunas con transacciones financieras o inundan el mundo con sus muebles o sus productos de alta tecnología digital y después se visten en el bazar de ropa usada o mandan a sus hijos a escuelas donde se escribe a lápiz, se aprende horticultura, y ordenadores e internet no existen. O se podría llamar síndrome de Diógenes a eso que propagan la publicidad y los nuevos manuales de buenas maneras, al estilo de Marie Kondo: librarse de trastos inútiles y andar ligero llevando en el bolsillo la llave del universo. Pero no se suele llamar síndrome a las actitudes que triunfan.

Diógenes ha sido muy bien tratado por la posteridad; figura de una independencia radical, de un desapego a los bienes o a las convenciones, que por medio de su propia degradación mina la autoridad y el artificio, socava el exclusivismo («ciudadano del mundo» es un título de su creación) y tiene un elevado concepto del Hombre que a su modo preludia el del humanismo.

Al menos eso es lo que se desprende de sus dificultades para encontrar un Hombre de verdad. No lo encuentra con su candil a pleno día, ni en los torneos olímpicos, ni en Lacedemonia ni en Atenas: en su lugar, no encuentra más que muchachos, gente, esclavos, hembras, heces. La recopilación de Laercio, en su conjunto, hace pensar si en todo ese encomio no se dará, al fin y al cabo, uno de esos casos de glorificación de un moralista sórdido, de un energúmeno de prestigio que, más que debilitar el poder, le muestra el camino para ejercerse libre de cualquier requisito estético. Masturbándose en la plaza pública o meándose en los que le interpelan, Diógenes parece presagiar un tipo de mandatario que sabe —vete a saber cómo— que va a ser el ejercicio de una zafiedad sin trabas el que le garantizará la admiración del electorado y una fama duradera de franqueza y rectitud. Un tal Dionisio se lo decía en una ocasión: «Cuánto fasto manifiestas, oh Diógenes, queriendo no parecer fastoso!».[54] Quizás Diógenes tenga mucha más relación de lo que se supone con la edad de la basura. Su rasero moral, como el de todos los moralistas que le siguieron, era la necesidad, no el gozo. Después de masturbarse, añadía: «Así pudiese saciarse el hambre sin más que frotarse el vientre».

La tradición judeocristiana ha sido el chivo expiatorio habitual de muchos males, y se ha prestado a ello reclamándolos como bienes: una idea siniestra del cuerpo y de la sexualidad, la condena del mundo y de los placeres y la convicción de que el universo gira en torno al ombligo humano (heredero del ombligo que Dios no tiene). Pero hay que reconocer que la fascinante Grecia, o más bien sus alternativos, le dieron casi todo el trabajo ya hecho. Entre las sectas filosóficas que se sublevaban contra las faltas de la ciudad helénica es difícil encontrar alguna que no haya acunado los sueños de tiranos ambiciosos, inquisidores fanáticos y predicadores hipócritas. La excepción es la del epicureísmo, debidamente calumniado como una secta dada al desenfreno y las pandorgas, quizás porque la de Epicuro fue la única escuela que llegó a admitir mujeres, prostitutas y esclavos. Una mentira impúdica, desde luego, a la que el cristianismo dio después rienda suelta, porque Epicuro quería que sus discípulos perdiesen el miedo a los dioses y a la muerte, y equiparaba placer y sabiduría: materialistas, exquisitos, elitistas. La vida de los epicúreos era más bien simple, porque a quien sabe gozar de pan, aceitunas y conversación es difícil esclavizarlo a cambio de tesoros. Frente al desprecio declamatorio que otros dedicaban al mundo postulaba un amor minimalista y sin avidez por los seres y las cosas, un modo de vivir «como un dios entre los hombres» justificado por el placer y no por la necesidad.

---

54 Laercio, D., *op. cit.*, p. 331.

Los diógenes del síndrome nacen en un mundo que echó el tibio epicureísmo al basurero de la historia; son muy diferentes del Diógenes de Sinope. Personajes que no se exhiben, más bien totalmente secretos; callados, que no predican ni moralizan; desconocidos hasta que los agentes municipales los extraen, muertos o vivos, de su universo de residuos. Que, por lo demás, no andan buscando al Hombre, a no ser que lo busquen en los objetos.

A principios del siglo xx Jaime de Angulo, precursor del movimiento *beat* y el autor que más brillantemente fracasó en la etnología, la lingüística y la musicología de la época, intentaba desentrañar qué entendían por persona los indios achumawi de California, más conocidos como Pit-Rivers:

> —De acuerdo, Bill, pero ahora dime solo una cosa. Ya existía un mundo; luego hubo muchos animales que lo habitaron, pero no había personas todavía...
>
> —¿Qué quieres decir con que no había personas? ¿Los animales no son personas?
>
> —Sí, lo son... pero...
>
> —No son indios, pero son personas, están vivos... ¿A qué te refieres cuando dices animal?
>
> —Bueno... como se dice «animal» en pit river?
>
> —... No sé...
>
> —Pero supongamos que quisieses decirlo.
>
> —Bueno... creo que diría algo así como *tee-qaade-wade toolol aakaadzi* (por todo el mundo, todo lo que vive)... supongo que eso significa animales, Doc.
>
> —No lo entiendo, Bill. Eso significa también personas. Las personas viven, no?
>
> —¡Pues claro que sí! Eso es lo que te estoy diciendo. Todo vive, hasta las rocas, hasta ese banco en que estás sentado. Alguien hizo ese banco con un propósito, ¿no? Pues entonces está vivo, ¿no? Todo vive. Eso es lo que creemos los indios. Los blancos creen que todo está muerto...

—Escucha, Bill. ¿Cómo decís «personas»?
—No lo sé... *is*, supongo.
—Yo creía que eso significaba «indio».
—Oye... ¿Acaso nosotros no somos personas?
—¡Y los blancos también!
—¡Qué van a serlo! Nosotros les llamamos *inillaaduwi*, «vagabundos»; eso es lo que son, vagabundos. No creen que nada esté vivo. Ellos también está muertos. Yo no llamo a eso «personas». Son listos, pero no saben nada...[55]

Los achumawi habían sido siempre indios de a pie, y su relación con los caballos empezó con su trabajo de peones en los ranchos de los blancos. De hecho se habían acostumbrado más bien al automóvil: se desplazaban en coches calamitosos, montones de chatarra sujetos con alambres. Ante la admiración de Angulo, que entendía bastante de caballos y nada de mecánica, aquellos hombres «de la Edad de Piedra» eran capaces de desmontar y remontar el motor y hacerlo funcionar una vez más. En su lengua, al motor lo llamaban «corazón». Sin encendido automático, había que hacerlo arrancar a manivela, lo que era un proceso largo y difícil, y los achumawi habían inventado un sistema propio: levantando la trasera del coche con un gato, hacían girar las ruedas de atrás hasta que el motor se pusiese en funcionamiento. Entonces tiraban el soporte de una patada y corrían tras el vehículo hasta abordarlo y coger el volante. Sukmit, uno de los amigos de Angulo, era jorobado y la operación se le hacía muy penosa, así que intentaba convencer a su anciana madre de que se sentase al volante durante la operación. Pero ella, suspicaz, no quería. Sukmit le insistía: «Es

55 De Angulo, J. (1997). *Indios sin plumas*. Madrid: Hiperión, p. 105. El original en inglés, *Indians in Overalls*, se publicó, póstumamente, en 1950. Angulo nació en París, hijo de españoles autoexiliados, y murió en San Francisco.

fácil, muy fácil». Ella, inflexible. Él le gritaba entonces: «Sube, por dios, ¿acaso quieres vivir eternamente?».[56]

El librito de Jaime de Angulo nunca ha gozado de favor en el mundo académico, y probablemente no lo hará nunca. Cuando fue publicado, lo condenaban sus defectos formales: poco circunstanciado, no detallaba tiempos y lugares y mezclaba en un mismo relato experiencias de campo muy distantes entre sí. Peor aún: en lugar de ofrecer una descripción objetiva desde su posición de observador, Angulo se colaba impúdicamente en la vida de los achumawi y en su propia narración. Allá por los años ochenta, esa informalidad y esa liberación de la subjetividad pasaron a ser muy apreciadas, pero en una versión que rezumaba virtud: el modo desenfadado en que Angulo hablaba de sus interlocutores podía parecer poco respetuoso, quizás ofensivo. Desde entonces, los criterios se han endurecido y la obra de Angulo se defendería mal de las peores acusaciones, que irían del racismo a la apropiación cultural. En el justo afán de tratar las otras culturas simétricamente y en igualdad con la cultura occidental, el mundo académico se ha esmerado en dotar a aquellas de lo más engolado que podía encontrar en esta. En la operación, se pierde el humor de los achumawi y de tantos otros pueblos, y se escapa esa descripción única. En una época en que los etnógrafos intentaban reconstituir mundos de ayer previos a la hegemonía de los blancos, o hablaban de una agonía estoica y apartada en las reservas, el relato de Angulo mostraba una faz mucho más viva del destino de los pueblos arrollados por la empresa colonial: una vida entre márgenes y desechos, un destino de recicladores de su propio pasado y de los residuos del capitalismo.

---

56 *Ibid.*, p. 33.

Esos achumawi traqueteando con sus coches por un Oeste ya perdido ofrecen una visión del animismo mejor que ningún relato primitivista con hermanos osos y espíritus de los bosques, porque no se trata de una vieja creencia transmitida por la tradición, sino de un modo de relacionarse con el ambiente detectando en él lo que manifiesta actividad, vida. Pero el animismo puede llegar a ser un inconveniente para la sobrevivencia: pensar que todo está muerto proporciona una libertad de acción inédita, con la que los blancos, ignorantes de todas esas trabas pero listos por eso mismo, pueden relegar al basurero a los achumawi, sus chatarras y todo lo que no dará más lucro. El diógenes es un animista del espacio uniformemente humanizado de la ciudad. No reúne objetos porque crea «que todo lo que guardan es o será necesario en algún momento de la vida», o si lo hace es más bien como un pretexto que disimula una intuición mas difícil de confesar: la de que los objetos tienen alma y deben ser rescatados de su abandono.

Soledad

Con el alma de los objetos ha pasado como con la acción de los objetos, de la que se hablaba muchas páginas atrás. Hubo un tiempo en que preferir los objetos a las personas solía ser una opción por la mercancía contra lo vivo, una actitud desalmada que a menudo pagaba bien. Pero en un mundo cuarteado por líneas que cortan en todas las direcciones y por conexiones virtuales que son ausencias reales, los objetos pueden acabar conteniendo más memoria y más afectos que cualquier prójimo. Si no son palpitantes, tienen al menos materialidad, son táctiles, pesan, huelen, tienen texturas y esa infinita variedad de la realidad de la materia. Quién ha dicho que están muertos y que no pueden hacer compañía, que no se pueda hablar con ellos o que no respondan.

Los diógenes se aíslan, dicen los psicoentendidos sin pestañear. En una ciudad donde la gente con treinta años menos circula por la calle hablando sola, o hablando con alguien que comparte sus afectos a mil kilómetros —o quizás simulando que lo hace para hablar sola sin llamar la atención—, se entiende que al diógenes le debe bastar, a falta de un wasap, cualquier mesa de cualquier centro de la tercera edad para encontrar almas gemelas y una buena conversación. No es así, a cada año que pasa es menos así. Las almas gemelas o simplemente las almas afines son más difíciles de encontrar a medida que pasa el tiempo y el alma se llena de detalles y arrugas. Los diógenes se convierten en una pesadilla para el vecindario como lo hacen los jóvenes que invitan a demasiados amigos ruidosos al piso donde exploran por primera vez la felicidad de estar solos. Para los diógenes, los amigos ya solo son fragmentos de un tiempo caducado.

A Diógenes de Sinope le preguntaron una vez qué era la desgracia, y sin dudarlo respondió: ser pobre y viejo. La vejez, o lo que en jerga gerencial se llama aumento de la esperanza de vida, se ha vuelto uno de los motores de la economía financiera: se ahorra para la vejez, y los fondos de pensión han formado la masa crítica del capital junto con, por ejemplo, los petrodólares: todo, de una manera u otra, energía fósil.

Pero no hace falta ser pobre para ser un viejo desgraciado, como decía el filósofo. Las imágenes de las residencias de ancianos siempre evocan alguna de esas bromas pesadas que los dioses de Grecia gastaban a quien les pedía convertir en oro todo lo que tocasen, o ser inmortal. Podría habérseles pedido a los dioses una buena vida lo más larga posible; pero lo que se les ha pedido en su lugar ha sido una vida larga con la mayor calidad de vida posible. La diferencia es más importante de lo que parece, porque marca esa preferencia universal por los criterios que se pueden medir contra esos otros que son inconmensurables. Una buena vida, he ahí lo que nadie se atreve a definir. Quién puede decir lo que es una buena vida, ni siquiera lo que es una vida, sin más: y sin embargo, nadie duda ni un segundo en desear para sí o para los otros una vida *mejor*. O más larga.

La resistencia

En las postrimerías del antiguo régimen, cuando el poder eclesiástico estaba ya a punto de desmoronarse, uno de los reproches más malévolos que se les hacían a los sacerdotes, frailes y monjas que frecuentaban a los enfermos graves era que tenían la intención de quedarse con la mejor parte de la herencia de estos a cambio de una plaza en la bienaventuranza eterna. Lo que se ha venido a llamar extensión de la esperanza de vida —se airea una estimativa próxima a los 120 años en un futuro próximo— viene a ser la colonización de una buena tajada de la antigua vida eterna, convertida en terreno edificable para la iniciativa privada. Una buena inversión, porque hasta el último suspiro parece difícil aceptar que la vida sea gasto.

Los diógenes se cuentan en el batallón de los resistentes contra ese paradigma, como por otro lado los suicidas. En aquel mundo de los achumawi, donde hasta las chatarras con ruedas son seres vivos, a un jorobado le puede parecer absurdo que a su madre le interese vivir para siempre. La inmortalidad pasó a tener más prestigio a medida que todo lo no-humano se tomó por muerto. En cierto modo se va tornando obligatoria: morir es un escándalo y querer morir, un signo de desarreglo.

Pero los diógenes no son suicidas como el Diógenes de Grecia y no parecen especialmente interesados en morir, solo en vivir entre su gente, los trastos viejos. Los ancianos que hacen surf o corren maratones son elegidos raros y efímeros a los que el sermón de la publicidad da una atención desproporcionada. Esa otra vida feliz que consiste en ponerse un gorrito de Mickey Mouse y mantenerse en forma empilando cubos al mando de una animadora puede que no les seduzca. Qué le vamos a hacer: el único tratamiento que espera a los diógenes sorprendidos en flagrante es ser recluidos en un ambiente higiénico lejos de sus desechos. No es seguro que eso les haga más felices, pero al menos el vecindario podrá respirar: quién puede reprochar a los diógenes, de todos modos, que se defiendan encerrándose debajo de siete llaves.

No seré yo quien se ponga a hablar en su nombre, pero me parece obligado hablar en su favor: puede que convenga mirar a los diógenes de un modo menos condescendiente. Por un lado, porque son una minoría con futuro: la innovación frenética es una máquina de producir vejez y no hace mucho que oí a una menor de edad pronunciar aquella frase fatídica que otrora solo se pronunciaba después del primer hijo: «En mis tiempos...». Entre ella y los adolescentes propiamente dichos se empezaba a levantar un muro de modas y *gadgets* obsoletos. No será para tanto, pero la comunicación global que no conoce distancias viene con sus aislamientos puestos, que de vez en cuando ascienden a confinamientos, y así no es difícil imaginar un diógenes futuro, más higiénico para los vecinos, rodeado de la escombrera virtual de lo que ha sido su vida.

Por el otro, porque emparejar al pobre diógenes con la suciedad es una calumnia: los diógenes no hacen sino asumir los elementos del mundo en que viven, en lugar de librarse de trastos inútiles y andar ligeros llevando en el bolsillo la llave del universo, derramando todo lo demás en tierras o mares lejanos. Hacen su parte por mantener el mundo más limpio, aunque no sirva para nada.

La alternativa al mundo de la basura es, por supuesto, un mundo del consumo. No de consumo bien entendido, solo de consumo; porque el consumismo no es un consumo mal entendido, es su mistificación. El consumo es eso que no se alcanza en la carrera desenfrenada hacia el consumo, hacia una farra ideal y definitiva que debe situarse en algún punto indeterminado del futuro, al lado del reino de los cielos, del paraíso comunista y de la humanidad sin fronteras.

Se podrá decir que esto es una exageración, y que hay mucho consumo-consumo en el reino del consumismo. Verdad es. Pero lo hay, digamos, de un modo marginal o de un modo residual: contra la corriente, o más bien aprovechando los remansos y sorteando la basura. Y los remansos limpios no abundan: pocos tienen acceso a ellos, y cada vez menos. Lo puede asegurar el firmante de este libro, que escogió —y la suerte le favoreció en la elección— la profesión más epicúrea que se conoce: la docencia universitaria. Una profesión que las administraciones de todo el mundo luchan denodadamente por transformar en trabajo de mierda.[57] Desde las alturas de mi privilegio puedo hacerme una idea de los pocos remansos que le deja la corriente unánime a casi todo el mundo.

El único consumo que se tolera es ese consumo exorbitante que consiste en romper límites y que empuja hacia mañana. Sin ese incentivo heroico, no vale. El placer no es cosa seria, no es algo en que se deban gastar fuerzas ni para lo que se requiera aprendizaje. Entre nosotros, cuando se habla de aprender a vivir, a gozar o

57 Calavia Sáez, Ó. (2020). Evaluación, burocracia y torres de marfil. *Revista de Occidente*, (466), p. 72-98.

a disfrutar, eso indica, en general, que hemos llegado al país de la autoayuda, poblado por sujetos que ya no se inclinan a disfrutar, sino a abrirse las venas.

Lo QUE se entiende universalmente como alternativa a esta civilización de producción, acumulación, desperdicio y producción es lo contrario de una alternativa: una dosis redoblada de más de lo mismo a perpetuidad, el desarrollo sostenible.

El autor de estas páginas simpatiza hasta la extenuación con todas las causas y proyectos de reciclado, disminución de residuos, prohibición de desechables, prioridad de transportes sostenibles, energías limpias y mercados próximos, y se frota los ojos sin llegar a creerse que esas causas puedan ser vistas como causas de la izquierda o hasta de la extrema izquierda, en lugar de ser asumidas con fanatismo por los que dicen ser conservadores. Pero salvo por algunas minorías en general abastadas o marginales —cuando no utópicas—, parece que lo que se quiere es desarrollo, y los desarrollistas son implacables. La mayor claudicación que se permiten es consentir que su vicio se vuelva sostenible, o sea eterno.

No hay alternativa. La basura es el signo visible de sí misma, de un circuito histórico cerrado que tiende al desecho infinito, y sus promotores, después de gastar sumas astronómicas en comprar a Gobiernos, pueden más que todos ellos. El que se quede sin comprar ya verá qué hace, exprimido entre esos promotores y la población votante convencida de que el crecimiento del PIB es la medicina que no se puede dejar de tomar. Se podría vivir bien sin producir basura, pero no —en esto los neoliberales no dicen más que la verdad— ascender hacia cimas nunca soñadas. La democracia electoral tiene ese problema: ha convertido el más improbable de los cambios, el cambio de ideas, en la condición de cualquier otro.

Y ascender a nuevas alturas sobre montañas incrementadas con estratos y más estratos de detritos sigue siendo una idea plena de atractivos. El episodio de la pandemia de la covid-19 lo muestra bien. A principios de 2020, el prestigio de la militancia apocalíptica estaba más alto de lo que había estado en décadas, con Greta Thunberg en todas las portadas. Desde hacía un par de décadas la comunidad científica, de modo casi unánime, pronosticaba para un futuro próximo desastres de inmenso calibre debidos a la manutención y aceleración del sistema; sus consecuencias se van dejando ver en discreta progresión. Frente a ello, los Gobiernos del mundo se alineaban en un arcoíris de opciones. En un extremo, la de ignorar toda esa preocupación, reducirla a un alarmismo manejado por oscuros intereses o a una pura y simple mentira: esa actitud ha garantizado más de una victoria electoral. En el otro, proclamar la gravedad de la situación y tomar tímidas medidas a largo plazo contra ella, porque la realidad es compleja, hay que administrar un delicado equilibrio de necesidades e intereses, y el mundo no puede parar en seco.

En ese momento hizo su aparición el coronavirus, y la misma comunidad científica empezó a prever un desastre mundial, aunque irrisorio en comparación con lo que se puede esperar del calentamiento global. Después de un breve lapso de vacilaciones, se tomaron medidas drásticas e inmediatas antes de pensar en el delicado equilibrio de necesidades e intereses, y el mundo paró en seco. Nadie osó reducir la pandemia a un alarmismo manejado por oscuros intereses, salvo un par de cretinos que algún tiempo después ya se mostraban con una mascarilla esperando que el electorado lo olvidase antes de las próximas urnas. Se puede decir que el virus ha sido fabricado por estos o aquellos, que el Gobierno lo usa como pretexto para esto o aquello, se puede decir casi todo, pero casi nadie se atreve a decir que la pandemia sea un bulo. Eso, aunque nadie haya enfermado de COVID-19 en la familia o en el barrio, aunque solo se sepa de la mortandad por lo que dicen las noticias, aunque esas fotos de camiones funerarios o de tumbas abiertas no demuestren más de lo que demuestran las del oso polar flotando sobre un cubito de hielo. Todo un cambio. Si la pandemia ha conseguido hacer que todo, hasta lo que se entiende normalmente por vida, parase «en pro de la vida» es, entre otras cosas y en el fondo de ellas, por la convicción de que ella, sí, nos afecta.

La casa de Diógenes

El ecologismo ha cometido desde el inicio un error de importancia: presentarse como un defensor del planeta. A la humanidad, el planeta le importa muy poco. Es una forma tímida de decirlo: en realidad, la humanidad está convencida en su fuero interno de que lo que es malo para el planeta es bueno para sí misma. No es extraño: cada vez que se oye que se puede comer, pero hay que dejar algo para X, se aprende que el hambre de X compite con nuestra gula. Qué más natural que decir: «X, que se joda».

Habría sido mejor empezar diciendo que el planeta no compite, que al planeta —incluso en su versión Gaia, dotada de una bonita subjetividad holística— le trae sin cuidado lo que haga la humanidad. Esta, afectada por un delirio de potencia ya muy antiguo, llama «destruir el planeta» a lo que no es más que autodestruirse; para el planeta eso representaría algo así como librarse de una dispepsia. El *Mahabharata*, esa vieja epopeya de la India, comienza el relato de una masacre colosal contando las quejas de la Tierra, demasiado cargada, demasiado cansada. Oppenheimer, uno de los padres de la bomba atómica, contó que había pensado en el *Mahabharata* cuando vio el hongo brillante levantándose sobre el desierto.[58] El peor desastre nuclear de la historia, como se sabe, ha convertido la región de Chernóbil en una región boscosa poblada por lobos, ardillas, ciervos y osos. Podría haber un desastre mucho peor, pero es seguro que a Gaia no le importaría mucho seguir sus actividades solo con artrópodos o bacterias. Ella sí que se reinventa. Así que este libro se puede cerrar con una nota de optimismo: ni caso a los agoreros, el planeta está a salvo.

Lo QUE se tira a la basura, en la marcha imparable del desarrollo, no es más que humano: pueblos, clases, individuos; o memorias, saberes, artes, la casa, las facultades del cuerpo y todos los otros desperdicios de la casa de diógenes. Cuesta creer que la humanidad se haga eso a sí misma con tanto entusiasmo; pero es que darle ese nombre común, humanidad, a una recopilación de seres tan diferentes y tan desiguales nunca ha dejado de ser un fraude. Habrá inspirado muchas ideas nobles, pero la humanidad no deja de ser el refugio de los canallas a los que la patria ya se les ha quedado estrecha. No hay humanidad que se vaya a salvar o perder, ni humanidad que deba aprender a usar racionalmente su poder tecnológico y sus proyectos de desarrollo para convivir con la naturaleza. El poder tecnológico y sus proyectos no pertenecen a la humanidad: están en manos de una cofradía demasiado viciada por el dinero para siquiera pararse a pensar, para la que humanidad y planeta vienen a ser lo mismo, un depósito de recursos y basura.

---

58 Concretamente en el *Bhagavad-Gita*, su parte más famosa —un libro de autoayuda, pero de una calidad que ya no se estila—. Recuperado el 13/08/2020 de https://www.youtube.com/watch?v=pqZqfTOxFhY

Eres un excremento
Eres un montón de basura
Vienes a matarnos
Vienes a salvarnos

(Canto de investidura del Mogho Naba,
rey del reino Mossi, Uagadugú).

Índice

El 30 de marzo de 2020,
se otorgó a
este libro el
XXVI *Premio-beca*
Café Bretón
& Bodegas Olarra.

OTROS TÍTULOS PUBLICADOS:

Autoconstrucción

Por una autonomía del habitar. Escritos sobre vivienda, urbanismo, autogestión y holismo

JOHN F. C. TURNER

El modo atemporal de construir

CHRISTOPHER ALEXANDER

Hormigón

ANSELM JAPPE

La ciudad en la historia

Sus orígenes, transformaciones y perspectivas

LEWIS MUMFORD

La cultura de las ciudades

LEWIS MUMFORD

Arte y técnica

LEWIS MUMFORD

Ensayos

Interpretaciones y pronósticos (1922-1972)

LEWIS MUMFORD